Margit Schreiner
Nackte Väter

SERIE PIPER

Zu diesem Buch

Liebevoll und verwundert der Blick zurück – der Vater ist gerade gestorben, und die Mutter übergibt der Tochter ein ungewöhnliches Andenken an den Vater zur treuen Aufbewahrung. Es ist der Ausgangspunkt, von dem aus sie in die Geschichte der innigen, aber auch schmerzhaften Vater-Tochter-Beziehung eintaucht: Mit viel hintergründigem Humor erinnert sie sich an die väterliche Fürsorge, an die Trost-Brotkrumen in der Kinderschürze, an die körperliche Präsenz des Vaters. Seine am offenen Fenster nackt und unbekümmert absolvierte Morgengymnastik hatte Mutter und Tochter zunehmend Kopfschmerzen bereitet, denn der Vater war an Alzheimer erkrankt und hatte mehr und mehr alle Schamhaftigkeit verloren. Ein langes Sterben folgte. – »Schreiners Roman ist eine Chronik des Verdrängten, und darin liegt sein Reiz. Eine Erzählerin, die in der Mitte des Lebens steht, begibt sich an die Ränder des Bewußtseins, widmet sich den ersten und den letzten Tagen ... Auf diese Weise aktiviert die Autorin beim Leser verschüttete Erinnerungen – vor allem daran, daß sich im Kleinen, fast Vergessenen der Kern des Daseins verbergen kann.« (Der Spiegel)

Margrit Schreiner, geboren 1953 in Linz/Österreich, studierte Germanistik und Psychologie in Salzburg. 1977 bis 1980 Aufenthalt in Tokio. Seit 1983 arbeitet sie als freie Schriftstellerin. Zu ihren bekannten Büchern gehören »Die Rosen des heiligen Benedikts« (1989) und »Mein erster Neger« (1990). Sie erhielt 1986 den Ernst-Koref-Preis und 1987 den Theodor-Körner-Preis. Margit Schreiner lebt heute in Berlin.

Margit Schreiner

Nackte Väter

Roman

Piper München Zürich

Die Arbeit an diesem Roman wurde gefördert
durch den Deutschen Literaturfonds e.V.

Ungekürzte Taschenbuchausgabe
Piper Verlag GmbH, München
April 1999

Umschlag: Büro Hamburg, Andreas Rüthemann
Umschlagabbildung: Bruce DeBoer
Foto Umschlagrückseite: Isolde Ohlbaum
Satz: Ebner Ulm
Druck und Bindung: Clausen & Bosse, Leck
Printed in Germany ISBN 3-492-22686-8

Inhalt

»Das Ziel unseres Lebenslaufes ist der Tod.«
Montaigne

Das Gebiß meines Vaters

Nachdem meine Mutter und ich einen Tag nach meiner Ankunft in Linz und einen Tag vor dem Begräbnis zum Friedhof gefahren waren, wo mein Vater aufgebahrt lag, und ein blasser Mensch mit ovalem Gesicht uns aus einer Ecke hinter dem Sarg heraus gefragt hatte, ob wir den Verstorbenen noch einmal sehen wollten und meine Mutter gleich »ja« gerufen und der blasse Mensch zuerst die Blumen und Kränze zur Seite geschafft und dann behutsam den Deckel des Sarges geöffnet hatte und wir auf die verkrümmte, aufgebäumte Leiche meines Vaters gesehen hatten – der Kopf nach hinten gestemmt, der Mund weit, die Augen halb geöffnet –, so daß ich einen schrecklichen Augenblick lang sicher war, die Augäpfel hätten sich unter den Lidern bewegt und mein Vater hätte von meiner Mutter zu mir geschaut, so wie er es all die Monate im Pflegeheim gemacht hatte –, nachdem meine Mutter und ich also meinen Vater, sich aufbäumend und dabei wie im Krampf erstarrt, daliegen sahen, so dünn und verzerrt, und seine Arme unter dem kurzärmeligen, beigen Hemd, das meine Mutter gleich nach der Todesnachricht mit der dunkelblauen Krawatte ins Pflegeheim gebracht hatte, sichtbar waren, knochig und übersät mit roten und braunen und blauen Flecken, und das Gesicht, das ich doch einmal, vor langer Zeit, bis in alle Falten und Furchen hinein so genau gekannt hatte, ganz fremd und ausgetrocknet schien – die sonst faltige Haut jetzt straff gespannt von Knochen zu Knochen, die Nase spitz –, nachdem der blasse Leichenbestatter mithin den Deckel vom Sarg gehoben hatte und wohl selbst erschrocken war über den sich aufbäumenden, mageren und verzerrten Körper, über den weit geöffneten Mund und die halb geöffneten Augen und ich gedacht hatte, daß er nun etwas sagen würde, etwas Tröstendes oder auch Erklärendes, er aber, nachdem meine Mutter plötzlich laut und mehrmals hintereinander gerufen hatte: »Genau so hat er ausgesehen zum Schluß, genau so«, nichts gesagt, sondern nur zur Seite gesehen hatte, zu den Blumen und Kränzen, die er auf eine Art Ablage gelegt hatte und wieder auf den Sarg legen würde, wenn er geschlossen wäre, und nachdem ich meine Mutter dann untergehakt und regelrecht weggezogen hatte von dem Leichnam meines Vaters, dem sie noch, als ich sie schon zur Tür der Aufbahrungshalle hinausgezogen hatte, zurief: »Genau so hast du ausgesehen, genau so«, und nachdem wir dann am nächsten Tag beim Begräbnis hinter dem Sarg hergegangen waren, der von der Aufbahrungshalle in die Verabschiedungshalle getragen wurde – der blasse Mensch mit dem ovalen Gesicht und einer Art Zepter in der Hand voran, dann meine Mutter, meine Halbschwester und ich und hinter uns die Trauergäste und Verwandten – und der Pfarrer Innerlohinger, ein alter Bekannter meiner Eltern, in der Verabschiedungshalle eine Rede hielt, in der er vom Leben sprach und vom Tod, als bestünde da nur ein feiner, kaum merklicher Unterschied, und der

Sarg, auf dem das Bouquet weißer Rosen lag, das meine Mutter, meine Halbschwester und ich bestellt hatten, an der Fensterfront der Verabschiedungshalle stand, genau in der Mitte des Raums und ausgerichtet auf ein weit sichtbares Feld, über das während der Abschiedsrede des Pfarrers Hasen hoppelten, und wir endlich, gefolgt von Verwandten und Bekannten, wieder hinter dem von vier dunkel gekleideten Männern getragenen Sarg meines Vaters die Halle verließen, um ihm zu folgen, bis er schließlich am Ende eines Feldweges auf ein Auto geladen wurde und das Auto langsam in Richtung Krematorium losfuhr, mit angeschalteten Scheinwerfern, so daß wir noch lange die beiden roten Rücklichter sahen, und als plötzlich etwas in mir hochschwappte, von dem ich nicht gewußt hatte, daß es in mir war, und ich mich auf einmal am liebsten über den fest verschlossenen Sarg mit meinem Vater, der sich unaufhaltsam entfernte, geworfen und mit beiden Fäusten auf ihm herumgetrommelt und geschrien und geweint hätte, so daß ich mühsam versuchte, mich zu beherrschen, denn schon kamen die Bekannten und Verwandten, um zu kondolieren, da steckte mir meine Mutter plötzlich etwas Hartes, Spitzes, Glattes zu.

Ich ahnte gleich, daß ich es besser nicht vor den Augen aller ansah. Also hielt ich den Gegenstand in meiner linken Hand, während ich mit der rechten die Hände der Trauergäste schüttelte. Als ich mich endlich abwenden und die schweißnasse Hand öffnen konnte – ich weiß noch, die Sonne kam gerade zwischen den Wolken hervor und Vögel zwitscherten –, sah ich, daß ich ein künstliches Gebiß in der Hand hielt. Das heißt den oberen Teil eines Gebisses. Ich weiß nicht, wie ich reagiert hätte, wenn nicht in dem Moment mein blutjunger, hübscher, langhaariger Cousin zweiten Grades auf mich zugetreten wäre. Ich steckte das Gebiß in die Tasche des Persianermantels, den mir meine Mutter für das Begräbnis geliehen hatte, und hakte mich bei meinem Cousin unter.

»Du sollst sie haben«, sagte meine Mutter, als wir längst wieder zu Hause und mal einen Augenblick allein waren, weil meine Tante aus dem Ruhrgebiet, die zum Begräbnis angereist war, gerade auf dem Klo saß.

»Was«, sagte ich, »soll ich haben?«

»Die Zähne«, sagte sie, und ihre Unterlippe zitterte, »seine Zähne.«

»Mama«, sagte ich, »is' ja schon gut.« Aber ihre Unterlippe zitterte und zitterte.

»Du oder keiner«, sagte sie. Da kam meine Tante wieder vom Klo zurück, und meine Mutter schwieg.

Nachts, als ich ihr begegnete, weil ich gerade aufs Klo ging und sie in der Küche stand und in einen Topf starrte, der auf dem Herd stand, sagte sie: »Keiner will seine Hemden.« Als ich sagte, daß ich die Hemden auch nicht nehmen könne, weil meine Wohnung schon voll mit allen möglichen Kleidern und Büchern sei, lächelte sie und sagte: »Du hast ja die Zähne.«

Ich schrieb alles dem Schock zu. In ihren Augen war der gleiche Ausdruck, der auch darin gewesen war, als sie mich vor Jahren einmal nach dem Mittagessen im Beisein meines Vaters plötzlich gefragt hatte, ob ich es denn für normal hielte, daß ein Achtzigjähriger mit einer Siebzigjährigen schlafen wollte. Ich habe gesagt, es käme ganz darauf an, ob man noch Lust habe, ich meinte, ob beide noch Lust hätten.

Sie schwimmen jetzt bei mir daheim in Berlin in einem Wasserglas in meinem Spiegelschrank im Bad – wenn man sie anschubst, drehen sie sich ein wenig im Wasser – auf dem Regal unter meinen eigenen Zähnen (einer sogenannten Teilprothese, drei Zähne), die sich ebenfalls immer ein bißchen drehen, wenn ich sie anstoße.

Von Zeit zu Zeit verschaffe ich beiden Frischwasser. Vergesse ich das längere Zeit und verdunstet das meiste Wasser, beschlagen die Zähne. Sie werden rauh, bekommen einen grauen Belag und müssen mit Bürsten gereinigt werden.

Sicher, sie sind kein organischer Teil von ihm gewesen, aber er hat sie doch zweiundvierzig Jahre lang getragen.

Mein Vater hatte mit einundfünfzig, kurz bevor meine Mutter mit mir schwanger wurde, einen Herzinfarkt. Er hat mir ein paarmal davon erzählt. Er sagte, es sei ein unspektakulärer Herzinfarkt gewesen, ein stiller. Es sei ihm bloß öfter schlecht gewesen, aber da er zuviel oder (das habe ich vergessen) zuwenig Magensäure gehabt habe und ihm deshalb sowieso oft schlecht gewesen sei, habe er es nicht bemerkt. Auffällig sei nur gewesen, daß ihm vom langen Schwimmen, Bergsteigen, Wandern, Laufen und Radfahren immer besonders schlecht geworden sei. Zuvor sei ihm beim Schwimmen, Bergsteigen,

Wandern, Laufen und Radfahren immer weniger schlecht gewesen als bei seiner Arbeit im Büro oder zu Hause.

Irgendwann sei er mal aus irgendeinem Grund (wahrscheinlich wegen des Magens) geröntgt worden, und da sei es dann rausgekommen.

Arzt: Herr Mirwald, setzen Sie sich.

Mein Vater: Ja, bitte wieso?

Arzt: Sie haben einen Herzinfarkt gehabt, Herr Mirwald.

Mein Vater: Um Gottes willen. Aber wieso denn?

Arzt: Haben Sie Bluthochdruck?

Mein Vater: Nein.

Arzt: Rauchen Sie?

Mein Vater: Vor einem Jahr aufgehört.

Arzt: Vielleicht liegt es an den Zähnen.

Daraufhin habe er sich, sagte mein Vater, alle Zähne ziehen lassen und sei anschließend einen Monat nach Bad Tatzmannsdorf auf Kur gefahren.

Die Zähne seien heraus, aber schlecht sei ihm nach wie vor gewesen. Außerdem habe er immer Kopfschmerzen gehabt. Ich erinnere mich, daß mein Vater oft ein ganzes Wochenende lang im abgedunkelten Wohnzimmer lag. Oder daß er auf dem Kopf stand. (Um die Magensäure abfließen zu lassen?) Oder daß er keinen Gurkensalat aß. (Gurkensalat ist das allerschlimmste für mich, sagte er.)

Die Kopfschmerzen habe ich von ihm geerbt. Ich habe das Erbe im großen und ganzen klaglos angenommen. Ich habe es immer vorgezogen, einen Vater mit Kopfschmerzen zu haben, als einen, der, wie die meisten Väter meiner Schulkameradinnen, vollkommen gesund war. Ich war sogar stolz auf seine Furunkel.

Einmal hatte mein Vater ein Furunkel auf dem Rücken. Es war ein großes, offenes Furunkel. Wie ein Vulkan, ein Eiterkrater mit einer blutig roten Öffnung. Mein Vater hat es sich auf dem Sofa im Wohnzimmer von unserem Hausarzt ohne Betäubung aus dem Rücken schneiden lassen. Meine Mutter und ich durften zusehen. Der Arzt verwendete ein eigentümliches, kleines, aber breites Messer. Ein ähnliches Messer hab ich vor ein paar Monaten gesehen, als der Verkäufer in einem italienischen Lebensmittelgeschäft einen noch unangeschnittenen Parmesan anschnitt. Der Käse war so groß wie ein Wagenrad. Der Verkäufer bearbeitete den Parmesan mit einer Kollektion kleinerer und größerer Messer, die alle dieses seltsam Gedrungene hatten, das damals auch das Messer gehabt hatte, mit dem unser Hausarzt meinem Vater ohne Betäubung das Furunkel aus dem Rücken schnitt.

Die Kopfschmerzen waren das innere Furunkel meines Vaters. Was mir gefiel, war, daß niemand es einfach herausschneiden konnte.

Ich selbst habe viele Tage in abgedunkelten Zimmern zugebracht, und schlecht war mir mein Leben lang. Ich habe mich so daran gewöhnt, daß ich mir gar nicht vorstellen kann, daß es Menschen gibt, denen der Kopf nicht weh tut.

Ich glaube nicht, daß die Zähne meines Vaters etwas mit seinem Herzinfarkt zu tun hatten.

Komm, laß dich umarmen, Vati. Ich spring dich jetzt an, von vorne, meine Beine links und rechts an deinem Körper, die Hände um den Hals, und du hältst mich gut fest. Auch wenn ich von hinten auf deinen Rücken springe. Dann setzt du dich hin, und ich klettere auf deine Schultern und halte dir die Augen zu, und du sollst dann aufstehen und gehen. Ich bin so hoch oben, und das Straßenpflaster tief unten ist grau und rissig. Du sollst genau auf den Linien zwischen den großen Steinen gehen, und deine Schritte sollen so groß sein, daß du immer einen Stein überspringst. Ich stütze mein Kinn auf deiner Glatze ab, und wenn du richtig schnell gehst, klappern meine Zähne gegen deinen Kopf. Deine Ohren sind pelzig. Wenn ich Lust habe, nehme ich das eingedrehte obere Ende deines rechten Ohres in den Mund und lutsche daran. Es schmeckt salzig und ist warm. Ich fahre mit der Zunge unter die Einbuchtung. Oder ich schnappe mir schnell dein Ohrläppchen und buchte es mit meiner Zunge aus, bis es voll und drall und gespannt ist. Aber wenn ich nicht mehr will, dann sollst du mich loslassen und mir endlich einmal sagen, warum der Frosch damals nicht weggesprungen ist, bevor die Schlange ihn auffraß. Ich meine, er hätte doch einfach weghüpfen können. Warum ist er sitzen geblieben? Mein Vater meint, der Frosch sei sitzen geblieben, weil er sich verkalkuliert habe. Der

Frosch habe in seiner Todesangst zwischen zwei möglichen Reaktionen abwägen müssen. Entweder schnell weghüpfen oder sich einfach totstellen. Er hat sich für die zweite Möglichkeit entschieden und eben falsch entschieden, sagt mein Vater. Weil, wenn er schnell weggehüpft wäre, hätte er in den Bach springen können, der sich direkt neben der Schlange und dem Frosch befand, und da wäre die Schlange vielleicht nicht so ohne weiteres nachgekrochen. Vielleicht. Der Frosch muß noch, als er schon gefressen wurde, geglaubt haben, daß die Schlange irgendwann von ihm ablassen würde, denn er hat sich nicht gewehrt. Nur, als es schon zu spät war, hat er sich gewehrt. Als er schon vollkommen in der Schlange verschwunden war, hat er plötzlich angefangen zu zappeln und wollte dort, wo er hineingelangt war, wieder hinaus, so daß, als er eigentlich schon ganz weg war, plötzlich noch einmal eines seiner Hinterbeine aus dem Maul der Schlange auftauchte, als könnte er mit einem einzigen großen Schritt alles rückgängig machen. Komm, hat mein Vater gesagt, da graust's einem ja, aber ich hab gesagt, wir wollen dem Frosch helfen, und mein Vater hat gesagt, dem hilft keiner mehr. Aber er hat dann doch noch einen Stock genommen und an der Schlange herumgefuchtelt. Da hat die Schlange sich einfach davongemacht mit dem strampelnden Frosch in ihrem Leib. Trag mich, hab ich zu meinem Vater gesagt, trag mich nach Haus. Und er hat mich wie einen Sack über seine Schulter geworfen und heimgetragen, und ich hab den ganzen Heimweg lang von oben nach unten auf die Pflastersteine geschaut und die

Ritzen zwischen den Steinen gezählt. Und mit dem Rhythmus der Schritte sind die Pflastersteine immer ein bißchen näher gekommen und wieder weiter weggerückt, und das ganze hat mich dann müde gemacht, und ich bin eingeschlafen.

Komm, laß dich umarmen, Vati. Ich setz mich jetzt auf deinen Schoß und lege meinen Kopf an deine Schulter, weil der dort genau hinpaßt. Ich ziehe die Beine an und kugele mich ein, ich mache mich so klein ich kann, weil ich will, daß mein ganzer Körper samt Armen und Beinen auf deinen Schoß draufpaßt und mein Kopf auf deine Schulter. Und wenn ich dann ganz auf dir bin, dann sollst du mich hin und her wiegen, aber nicht wackeln dabei. Und du sollst still sein und dich nicht mit meiner Mutter unterhalten, weil es Sonntagnachmittag ist und schon dämmrig und Kaffeegeruch ist und alles so reglos. Nie mehr werden die Nelken in der Vase auf dem Wohnzimmertisch (immer diese Nelken!) so riechen wie jetzt, und wenn ein Fenster in der Wohnung zuschlägt, dann ist es so, als schlüge nie mehr eines zu wie dieses. Später, wenn ich einmal groß bin, dann kannst du immer noch aufstehen und das Fenster schließen, Vati. Aber jetzt ist es genug, einmal muß Schluß sein, jetzt will ich aufstehen und mich auf deinen Fuß setzen und auf deinem Fuß hin und her wippen, und du sollst ihn abgeknickt lassen, damit er mich hält. Die Beine sollst du übereinanderschlagen. So. Ich halte mich an deinen Waden fest, die hart sind.

Einmal hatte mein Vater einen Wadenkrampf. Das war mitten im Wald. Wir hatten gerade Schwammerl gesucht, aber keine gefunden, und mein Vater hatte gesagt, daß damals, als er jung war, überall Schwammerl wuchsen, und plötzlich hatte er einen Wadenkrampf. Es war Herbst, und er hatte kurze Hosen an. Ich sah genau, wie die Muskeln seiner Wade sich anspannten, und ich sah auch eine Ader, die zuckte, und mein Vater zuckte auch und zog die Nase kraus, genauso wie damals, als er gesagt hatte, daß es immer wieder Scheintote gebe, die in Särgen lägen und gar nicht tot seien, aber niemand merke etwas, und sie könnten sich nicht bemerkbar machen, weil der Sargdeckel geschlossen sei und sie durch die niedrige Temperatur im Kühlhaus so geschwächt seien, daß sie nicht mehr schreien könnten, vielleicht sogar nicht einmal mehr flüstern. Und wenn dann die Angehörigen kämen und vor der Beisetzung noch einmal den Sarg öffnen ließen und dann den vermeintlichen Toten anschauten, der womöglich sogar die Augen offen habe und sie alle sehe, aber nichts sagen könne und sich auch nicht rühre, er bewege nur die Augen, weil er auf seinen Zustand aufmerksam machen wolle, aber die Angehörigen glaubten an eine Täuschung, weil sie davon ausgingen, daß er schon drei Tage lang tot sei und gar nicht mehr leben könne nach dem Aufenthalt im Kühlhaus – wenn dann also die Angehörigen gekommen seien und vor der Beisetzung noch einmal den Sarg hätten öffnen lassen, dann dächten sie nicht im Entferntesten daran, daß sie einen Scheintoten vor sich haben könnten. Als mein Vater das gesagt hatte, hatte er eben die ganze Zeit die Nase so krausgezogen wie während seines Wadenkrampfes beim Schwammerlsuchen. Er hüpfte wie Rumpelstilzchen auf einem Bein im Wald herum, weil, wie er sagte, gegen den Krampf nur ein Gegenkrampf helfe. Der Krampf ging dann weg. Aber mein Vater wollte anschließend sofort nach Hause, weshalb wir eine Abkürzung quer durch den Wald nahmen, wobei wir uns verirrten und es immer dunkler wurde, bis es unten im Wald schon ganz dunkel war, während oben die Wipfel der Bäume sich noch haarscharf abzeichneten gegen den helleren Himmel, an dem Vögel kreisten, vielleicht, weil sie Bäume suchten für die Nacht. Da war es plötzlich so still wie an jenem Sonntagnachmittag, als die Fenster in der Küche und im Wohnzimmer geöffnet waren und es nach Kaffee roch und eine Nelke des Blumenstraußes auf dem Wohnzimmertisch schon den Kopf hängen ließ und das Küchenfenster zufiel. Mein Vater hat mich dann huckepack auf die Schulter genommen und durch den Wald getragen. Ich hatte das Kinn auf seinen Kopf gelegt. Als mein Vater über eine Wurzel stolperte, biß ich mir in die Lippe, daß sie blutete.

Komm, laß dich umarmen, Vati. Und du drehst dich, während ich an deinem Hals hänge, im Kreis. Um uns herum fliegt der blaue Himmel, und die eine weiße Wolke kehrt immer schneller wieder. Wenn dir selbst schwindlig wird, kannst du dich in die andere Richtung drehen, und ich flieg auch in die andere Richtung unter dem sich drehenden Himmel.

Dein Hals ist hart, wenn wir uns drehen. Und die Arme spreizt du wie ein Seiltänzer zur Seite. Genau so wie beim Hula-hoop-Reifen-Kreisen, wenn du im Keller übst. Aber gegen mich hast du keine Chance.

Ich brauche mich kaum zu bewegen und verliere den Reifen nie, während du mit dem Bauch wackeln und die Arme zur Seite spreizen und den Bauch anspannen mußt. Deine Wange ist weich. So weich und zart ist deine Wange, daß ich meine Wange an sie schmiege und gar nicht verstehen kann, warum ich da wieder weg soll. Ich bleibe, solange ich will. Ich weiß nicht, warum deine Wange so weich ist, du hast keine fleischigen Wangen, sondern eher einen Wangensack, eine weiche Höhlung, eine Einbuchtung aus Samt. Wenn wir uns im Kreis drehen und ich meine Wange an deine schmiege, die Arme um deinen Hals, du die Arme weit wegspreizt, der Hals angespannt, aber die weiche Wange und der blaue Himmel, auf dem sich eine einzige Wolke dreht, dann sind unten auf der Erde keine Pflastersteine. Ich rieche den Duft des Kaffees, und die Fenster schlagen zu und klappern, und deine Wange ist ein Bett. Die Schwammerl gibt es auch heute noch.

Ich erinnere mich, wie wir einmal auf einer Lichtung eine ganze Gruppe von Parasolen gefunden haben, und die hat die Mutter dann abends paniert und gebraten, und wir haben sie gegessen und sie haben geschmeckt wie Schnitzel, und ich war so müde, daß ich beim Essen eingeschlafen bin. Du hast mich dann auf deinen Arm genommen und ins Bett getragen. Deine Wange war weich und samten. Nur, wenn dein Gebiß verrutscht war, dann hast du den Unterkiefer vorgeschoben und zweidreimal hin und her gewakkelt, um es wieder zurechtzurücken, und da ist deine Wange auch hart geworden. Aber das war immer schnell vorbei, und dann war alles wieder gerichtet und weich, und der Wadenkrampf ist weggegangen, und die Runzeln auf der Nase haben sich wie bei einem Scheintoten geglättet.

Eine ziemlich bekannte österreichische Schriftstellerin sagte mir neulich, daß es ihr unheimlich sei, wie die Kollegen hier in Berlin söffen. In aufrechtester Haltung, sagte sie, du merkst nichts, die trinken und trinken und reden und gehen und bewegen sich von einem Lokal zum anderen und reden und gehen und sitzen und trinken und trinken und reden über alles, Literatur, Alkohol, was sie gerne essen undsoweiter und sitzen immer aufrecht da und gehen weiter und reden von Kneipe zu Kneipe fort, und dann gehen sie aufrecht nach Hause oder rufen ein Taxi, steigen ein und fahren fort, winken dir aus dem Fenster zu oder sitzen dir im Lokal gegenüber und wollen gerade das Taxi bestellen, das sie dann besteigen wollen, um damit wegzufahren und dir aus dem Fenster noch zuzuwinken, da fallen sie plötzlich um. Sie haben einen Herzinfarkt oder sind tot, oder nichts von beidem, sondern stehen wieder auf, stehen in aufrechtester Haltung da, bezahlen ihre Zeche – rechnen sogar, bevor sie bezahlen, noch einmal nach –, verlassen das Lokal in aufrechter Haltung, besteigen das bestellte Taxi, falls sie nicht auf dem Weg vom Lokal zum Taxi umgefallen sind, sagte meine Bekannte, und fahren mit dem Taxi fort, wobei sie dir noch aus dem Fenster zuwinken. Das, sagte sie, war anders in Wien, als Hermann Schürrer noch lebte. Als der betrunken und ohne seine Zeche bezahlt zu haben aus dem Lokal wankte und auf die Straße torkelte, da schrie und fluchte er und riß sein künstliches Gebiß aus dem Mund und schleuderte es in den Rinnstein. Da wußte man wenigstens, sagte die Schriftstellerin, woran man war.

Und tatsächlich hat mir der Mann, mit dem ich lebe, ein Deutscher, einmal erzählt, wie er mit einem Schriftsteller, der weit berühmter ist als meine Bekannte, in Berlin auf einer Veranstaltung war und sie nachher fürchterlich getrunken hätten und dann noch mit dem Wagen des Schriftstellers nach Hause gefahren seien. Er selbst, sagte mein Mann, habe kaum mehr die Beifahrertür öffnen können und sei auch während der Fahrt immer mal wieder irgendwie gegen die Windschutzscheibe nach vorn gekippt, aber der berühmte Schriftsteller sei aufrecht hinter dem Lenkrad gesessen und sei gefahren, wobei sie sich angeregt unterhalten hätten. Irgendwann auf der Straße des 17. Juni sei der andere mitten in einem Gespräch über Literatur rechts rangefahren, sei aus dem Auto gestiegen, um die Kühlerhaube herum gegangen, habe in den Rinnstein gekotzt, sei wieder eingesteigen und weitergefahren. Er habe das Gespräch genau an dem Punkt fortgesetzt, an dem er es zuvor unterbrochen hatte.

Das Glas ist beschlagen. Zu lange habe ich immer nur Wasser nachgegossen, aber nicht erneuert. Ich muß die Zähne wieder mal putzen. Dazu benutze ich eine ausrangierte Zahnbürste. Ich putze mit Zahncreme. Am schwersten ist der Gaumen zu reinigen, die große Fläche. Er ist glitschig, und wenn ich an der Unterseite kratze, geht ein beigefarbiger Belag ab. Woher kommt der Belag? Es kann eigentlich nur Kalk sein. Wie kalkhaltig ist das Wasser in Berlin? Ich dachte immer, nur das Wasser in Österreich sei besonders kalkhaltig, denn als ich in meiner Wohnung in Wals, damals, nachdem ich erst ein Jahr darin gewohnt hatte und das Warmwasser immer spärlicher lief, dem Rat des Hausmeisters folgte und den Durchlauferhitzer entkalken ließ, kamen kübelweise die Kalkbrocken heraus, als wären sie aus einem Gebirge geschlagen worden.

Ich kratze den Belag auf dem Gebiß meines Vaters mit der Nagelschere ab. Oder kratze ich das Material selbst an, schabe ich es etwa ab mit der Zeit?

Ich wundere mich, wie schnell das Wasser im Wasserglas verdunstet. Bei Wasser, in dem Blumen stehen, ist das kein Wunder. Deshalb erneuert man es ja auch so oft. Aber Zahnwasser? Von Tag zu Tag wird die Flüssigkeit weniger und trüber, das Glas fleckiger. Verschiedene Ränder zeigen den Wasserstand der letzten Tage und Wochen an. Schweinerei im Wasserglas! Alles muß gepflegt und gesäubert werden: das Geschirr, das Klo, die Zähne.

Meine Blumen. Vergißmeinnichtchen im Wasserglas, trinken so durstig das frische Blumenwasser und lassen die Köpfchen doch fallen, und bald liegen die blauen Blütenblättchen überall auf dem Tisch verstreut herum. Schlüsselblümchen in der Kompottschüssel im Krankenhaus, die haben wir selbst gepflückt. Mein Vater hatte gerade die zweite Lungenentzündung hinter sich, weil sie im Krankenhaus nicht aufgepaßt hatten. Dabei wollten sie ihn nur einstellen.

Mein Mann muß eingestellt werden, hat meine Mutter zum Oberarzt gesagt, weil mein Vater Alzheimer hatte und abends nicht mehr schlafen gehen wollte, sondern nackt im Fernsehstuhl saß und aus dem Fenster schaute, obwohl er da gar nichts sehen konnte, weil es dunkel war und die Vorhänge zugezogen waren. Und morgens wollte er nicht raus aus dem Bett, oder er wollte zu früh aus dem Bett, um zwölf Uhr nachts rein, um fünf Uhr früh wieder raus, und die ganze Nacht das Wälzen, und ins Bett pinkelte er auch öfter. Der Oberarzt, sagte meine Mutter, habe zuvor schon zweimal die Einlieferung verweigert. Mein Vater sei einfach zu gesund gewesen. Aber das letztemal, als sie mit meinem Vater angekommen sei, nachdem er die ganze Nacht im Unterhemd vor der Haustür gesessen hatte, habe er ihn genommen. Wir stellen ihn ein, habe der Oberarzt gesagt. Medikamentös. Mein Vater habe irgendwelche Infusionen bekommen. Aber dann hätten sie ihn im Gang sitzen gelassen, und da habe er sich angemacht, und weil es in den Krankenhäusern immer ziehe, weil die Krankenschwestern den Gestank nicht aushielten, den die Alten überall machten, habe er sich verkühlt und seine erste Lungenentzündung bekommen. Die zweite habe er, naß im Bett liegend, bekommen.

Als ich in Berlin von meiner Mutter angerufen wurde und dann gleich nach Österreich fuhr und nach meiner Ankunft mit ihr ins Krankenhaus ging, das von der Wohnung meiner Mutter zehn Minuten zu Fuß entfernt liegt (die gerontologische Abteilung des Irrenhauses Niedernhardt, wie es früher geheißen hatte, der Nervenheilanstalt Wagner-Jauregg, wie es heute heißt), dachte ich, mein Vater stirbt jetzt. Er lag da mit offenem Mund, der ohne seine Zähne nach innen gezogen wurde wie ein Sack. Die Nase war länger und spitzer als sonst. Außer meinem Vater lag noch ein Greis in dem großen Zimmer mit den hohen Wänden, und der sah genauso aus: spitze Nase und hohler Mundsack. Die sterben beide, dachte ich. Es stank nach Urin und Desinfektionsmitteln in dem Raum. Wir standen neben dem Bett meines Vaters, und nur meine dreijährige Tochter nahm seine Hand und sagte: »Der Opa hat seine Zähne verschluckt.«

Mein Vater starb noch nicht. Wir blieben zehn Tage in Linz. Am Wochenende machten meine Tochter und ich mit Freunden einen Ausflug nach Grünau, wo meine Eltern lange Zeit eine Sommerwohnung gehabt hatten. Da pflückten wir den großen Strauß Schlüsselblumen, die auf einer sehr abschüssigen Wiese oberhalb des Almsees wuchsen. Die brachten wir dann meinem Vater ins Krankenzimmer. Obwohl mein Vater inzwischen die Augen wieder aufmachte und uns anlächelte, beachtete er die Schlüsselblumen nicht. Das heißt, ich glaube, er sah absichtlich weg.

Nackte Väter

Ich sagte zu dem Mann, der mir im Traum begegnete, daß es keinen Sinn habe, mich zu fragen. Ich erinnerte mich an nichts. Er lächelte.

»Es gibt immer etwas«, sagte er, »an das wir uns erinnern.«

»Ich erinnere mich an einen See. Aber ich weiß nicht, wie er heißt und wo er liegt«, sagte ich zu dem immer noch Lächelnden.

»Das macht nichts«, antwortete er, »beschreiben Sie ihn.«

Er ist auf drei Seiten von steil abfallenden Felswänden umgeben, die nach unten hin in eine schmale, ebenfalls steil abfallende Baumzone übergehen, um dann, am Seeufer, in ein flaches Stück Erde auszulaufen, das gerade Platz genug läßt für einen Pfad rund um den See und kleine Kiesbuchten zum Baden. Im Frühling stürzen von überall her Bäche herab. Dazwischen blühen Seerosen, die vom Weg her kaum von den letzten Schneeflecken im Schatten und den überall verstreuten Federn der Wildgänse zu unterscheiden sind. Die vierte Seeseite ist flach und sumpfig. Durch den Sumpf führt der Hauptzugang zum See. Alles ist befestigt mit kleinen Brücken und Stegen wie durch Urwälder, Dschungel – oder auch über Fjorde und glasklare Flüsse. Am Beginn des kleinen befestigten Weges liegen links der Schilfgürtel, dahinter der See, rechts Sumpfwiesen, durch die kleine Bäche schießen. Es gluckert, fiept und quakt zwischen Schilfgrasbüscheln und leuchtend gelben Dotterblumen. Dann kommen die verschatteten Stellen, verwachsene, niedrige Bäume mit Wurzeln wie Schlangenleiber. Baumstämme sind über das Wasser gelegt. Winzige, aber tiefe Seen aus Kobaltblau und Smaragdgrün entstehen. Zwischen den knorrigen Bäumchen bricht sich das Licht. Es spielt hell über dem Wasser, wie gefangen vom Wind ... pssst ... Die Bäche und Flüsse verzweigen sich und vereinen sich wieder zu großen Wasserläufen. Es schnellt und zischt und sprudelt. Da perlen Quellen empor. Es gibt ganze Blätterdachhöhlen. Kleine, silbrige Fische zucken. Weiter hinten, gegen den See hin, verwachsen Sträucher und Blumen. Was sind das für große rote Blüten? Ein seltsamer Laut zieht über den See. Pflanzliche Rachen gurgeln im Hintergrund, aber hier vorne ... pssst!

Weißt du noch, Vater? Wir dachten, wir kühlen die Füße im Bach, und plötzlich stand uns das Wasser bis zum Hals. Weißt du noch? Hand in Hand über den Baumstamm balanciert, grün huscht die Sonne vorbei hinter dem Sumpfblatt. Die Trauerweide ist mein Lieblingsbaum – und deiner? Pssst! Tief im Unterholz, tief im Unterholz wohnt ein Heinzelmann, hat ein Hemdchen, aber kein Höschen an ... Vielleicht, weißt du, werden wir eines Tages andersherum geboren. Ich meine, ich bin dann deine Mutter, und du bist mein Kind. Und dann sag ich dir aber, daß ich auf dich warte, bis du auch so groß bist wie ich.

Ich hatte von großen, grauen Tieren geträumt, die sich in sengender Hitze in braunen Schlammpfützen wälzen. Schließlich erwachte ich von einem Schnauben. Ich öffnete die Augen.

Durch die Ritzen der Blendläden glitzert es silbern, was bedeutet, daß draußen die Sonne scheint. An der Decke hängt eine Perlenkette aus Sonnenlicht, straff gespannt zwischen Blendläden und Lampe. Ich habe nie verstanden, warum das so ist, aber bei jedem Auto, das unten auf der Muldenstraße vorbeifährt, rückt die Perlenkette, festgezurrt an den Blendläden, wie der Zeiger einer Uhr, von der Lampe zur Deckenkante. Manchmal rutscht eine zweite Perlenkette hinter der ersten her. Auf dem Fußboden hingegen sitzt ein Lichtgitter fest. Ich stelle einen Fuß auf den Boden, mitten auf einen der blitzenden Lichtstreifen. Der Lichtstreifen führt nun über meinen Fuß. Ich beobachte eine Weile, wie er an mir haftenbleibt, auch wenn ich mit dem Fuß kreise und vor- und zurückzucke. Ich versuche vergeblich, den Lichtstreifen auf dem einen Fuß mit dem anderen zu verdecken. Er hüpft sofort auf den oberen Fuß und von dort auf die Hand, die ich auf den Fuß lege.

Das Schnauben ist jetzt manchmal lauter und manchmal leiser. Dazu kommt von Zeit zu Zeit ein Plätschern. Die grauen Tiere in meinem Traum hatten kleine rote Augen und große gelbe Zähne.

Ich stehe auf und gehe barfuß ins Wohnzimmer. Der Teppichboden in meinem Zimmer kratzt ein wenig an den Fußsohlen, der dicke weiche Teppich im Wohnzimmer ist angenehmer. Ich rolle die Zehen ein und versuche, etwas von seiner Wolle abzuzupfen. Es gelingt mir nicht. Im Wohnzimmer sind schwere Vorhänge vor die Balkontür gezogen. Deshalb herrscht diffuses Dämmerlicht. Von mir aus könnte es immer so sein. Die Vorhänge blieben den ganzen Tag vor den Fenstern, und ich setzte mich, nur mit dem Schlafanzug bekleidet, in die schweren Polstersessel, beide Beine über eine Seitenlehne gelegt. So würde ich kaltes Coca-Cola mit einem Strohhalm trinken und beobachten, wie die Rosen des Tapetenmusters unter meinen halb geschlossenen Augen die Wand hinauf- und hinunterkletterten, sich mit dem roten Blumenmuster des dicken weichen Wohnzimmerteppichs vermengten und wieder von ihm trennten. Das dämmrige Licht brächte vielleicht sogar die bei Tageslicht grellgelben Sonnenblumen auf der Schondecke über dem Sofa zu gedämpfterem Blühen, und überall an den allzu geraden und glatten Wänden lägen Schatten wie von drei Tieren, zwei großen und einem kleinen, die faul nebeneinander liegen und vor sich hindösen.

Es ist ein Sonntagvormittag, vermutlich zwischen acht und zehn Uhr früh. Zu dem Schnauben und Plätschern kommen nun auch Schnüffeln und Pritscheln. Ich folge den Geräuschen durch das Wohnzimmer ins Vorzimmer. Vor der Küche ist, wie immer, seit mein Vater die Küchentür ausgehängt hat, nachts ein gelber Leinenvorhang gezogen. Ich stecke einen nackten Fuß unter ihn durch und stelle ihn auf den Linoleumfußboden in der Küche. Der Boden ist bereits warm, woraus ich schließe, daß dieser Sonntag ein heißer Tag werden wird. Vielleicht werden wir zum Pichlingsee baden fahren.

Die Schlafzimmertür hinter mir ist angelehnt. Durch den kleinen Türspalt kommt kühle Luft. Das Schlafzimmer meiner Eltern ist im Sommer wie im Winter der kühlste Raum der Wohnung. Im Winter, weil er als einziger nicht geheizt wird, im Sommer, weil die Blendläden dort den ganzen Tag geschlossen sind und das Fenster geöffnet bleibt. Ich würde sehr gerne auch in meinem Zimmer den ganzen Tag die Blendläden geschlossen halten, aber meine Eltern erlauben es nicht. Sie sagen, ich brauche Sonne, Licht und Wärme. Aber das ist nicht wahr. Licht und Sonne und Wärme stören mich. Später einmal, wenn ich erwachsen bin, werde ich in einer dämmrigen Altbauwohnung mit hohen Decken wohnen. Vor dem Wohnzimmerfenster werden hohe Kastanienbäume stehen, deren Äste und Blätter bei jedem geringsten Windstoß als Schatten über die hohen Bücherwände, den weißen Flügel und die hellen Parkettböden huschen werden. Vor den Seitenfenstern des Wintergartens werden zwei chinesische Wandschirme stehen, damit nicht zuviel Licht in den schmalen Raum dringen kann, in dem ich auf einer Rattanbank zwischen Palmen und Oleanderbüschen sitzen und auf den draußen in der Sonne silbern glitzernden Fluß schauen werde.

Das Schnauben und Schnaufen, das Schnüffeln, Prusten, Plätschern und Pritscheln wird immer lauter. Ich folge dem Vorzimmergang, gehe vorbei an dem Wandspiegel über der Kommode, der ein Mädchen mit zerrauften Haaren in einem von oben bis unten mit Teddybären bedruckten Schlafanzug zeigt, bis zur Badezimmertür, die weit offen ist. Im Badezimmer steht mein Vater, nackt, mit gespreizten Beinen, weit über das Waschbecken gebeugt, und hält sich ein Nasenloch zu. Das andere Nasenloch taucht er in das bis oben hin mit Wasser gefüllte Becken und zieht kräftig Wasser durch die Nase, wobei er schnaubt wie ein Nilpferd im Schlamm. Durch die Milchglasfenster hinter dem Waschbecken leuchtet der Tag in der oberen Hälfte hellblau und in der unteren Hälfte lindgrün.

Wenn ich den Kopf sehr schnell nach rechts und nach links werfe, dann macht mich das benommen; genauso, wie es mich benommen macht, wenn ich rasch ein Glas kaltes Wasser trinke und dabei den Kopf in den Nacken lege. Oder wenn ich lange unter der Luftmatratze im Pichlingsee tauche. Es ist so, als hüpfte mein Gehirn in seiner Flüssigkeit hin und her und auf und ab. So wie ich auf dem Schoß meines Vaters auf und ab hüpfe, aber um uns herum ist keine Flüssigkeit, die die Stöße abfängt, so daß wir uns weh tun könnten, wenn wir nicht aufpassen. Da hilft es auch nicht, daß die Sessellehne dick und weich gepolstert ist. Wenn man gegen sie kracht, kann man sich den Arm brechen. Den Kopf kann man sich an den Heizungskörpern schlagen, daß eine Platzwunde entsteht und Blut heraustropft. Es könnte auch sein, daß man sich die Hüfte an der Steintischkante schlägt und dicke blaue Flecken bekommt. Ja, wenn ich von dem Schoß meines Vaters mit dem Kopf nach unten falle und mich nicht schnell genug abrolle, dann könnte es sogar passieren, daß ich mir das Kreuz breche und für immer gelähmt bin. Trinke ich zu schnell das eiskalte Wasser, könnte ich ohnmächtig werden. Bleibe ich zu lange unter der Luftmatratze im Pichlingsee, könnte ich ertrinken. Deshalb paßt mein Vater gut auf mich auf. Aber auch, wenn er ständig wachsam ist, schaffe ich es, den Kopf wild zu schütteln, auf und ab zu hopsen, die Arme wegzuschleudern und mich plötzlich nach hinten fallen zu lassen, so daß die Rosen auf der Wohnzimmertapete auf dem Kopf stehen und ihre Wurzeln in die Luft ranken.

Ich möchte einmal mit einem Fallschirm aus einem Flugzeug springen, und du sollst unten auf dem Boden auf mich warten. Ich weiß, daß gute Fallschirmspringer genau bestimmen können, wo sie landen. Zuerst springen sie einfach ins Blaue hinein, lassen sich den frischen Wind um die Nase wehen, und der Himmel ist mal oben und mal unten, und der Boden ist dann jeweils auf der gegenüberliegenden Seite. Gibt es einen Ruck, wenn der Fallschirm aufgeht und den Fall stoppt? Von unten sieht es so aus, als trüge er den Springer noch einmal hoch nach oben, bevor er dann endgültig und langsam nach unten schwebt. Jetzt beginnt der Fallschirmspringer zu lenken. Er zupft an verschiedenen Seilen und dirigiert den großen Schirm, der sich, je näher er dem Boden kommt, immer lockerer bauscht, während er hoch in der Luft noch straff gespannt war, und dann sieht der Springer schon die Gipfel der Bäume und die Blumenwiese und riecht schon den süßen Geruch der Rosen und hört Bienen um den Apfelbaum summen und Hummeln auch, und neben dem Apfelbaum steht der Vater und winkt.

Ich zupfe und ziehe an den Schnüren und Seilen, denn ich will genau dort in der Sommerwiese landen, wo du stehst. Aber noch bist du klein, da unten, in der Wiese und schwenkst deine Arme und winkst und winkst. Plötzlich fällt mir ein, daß ich vielleicht doch nicht dort landen will, wo du stehst. Vielleicht will ich lieber weiter hinten auf dem Hügel landen oder in der Krone einer breiten duftenden Linde. Aber weil du weiter und weiter winkst und die Blumen so duften und die Bienen und Hummeln summen und der Apfelbaum weißlichrosa blüht und seine Rinde so schwarz und rissig ist, ziehe ich wieder an meinen Schnüren und Seilen, bis ich genau über dir bin. Dann laß ich mich fallen. Der Schirm bauscht sich weit über uns beide. Spürst du die glatte Seide, den kühlen Luftzug, mit dem ich niederstürze, meine vom Fallen eiskalten Hände? Der Wiesenboden ist feucht, kein Vogel hat so weite Schwingen wie mein Fallschirm, die Bienen verwechseln ihn mit Blumen.

Noch bin ich so benommen, daß ich nicht weiß, ob ich halbwegs sicher gelandet bin oder ob ich vielleicht kopfüber in die Sommerwiese gestürzt bin, so daß mein Gehirn trotz der Flüssigkeit hart an die Schädeldecke prallte und die Schädeldecke vielleicht sogar brach und all die Flüssigkeit auf die Sommerwiese tropfte, genau auf den winkenden Vater. Ich weiß nicht, ob ich lebe oder tot bin unter dem kühlen Tuch und ob du lebst oder schon tot bist, Vater. Aber dann stemmen wir unsere Arme gegen das Fallschirmtuch und befreien uns aus der Hülle, damit wir nicht darunter ersticken, und wir sehen, daß wir beide immer noch leben und die Sommerwiese voll ist von kleinen gelben Blumen. Viele sind schon ein wenig verwelkt; ich weiß nicht, ist es nun Löwenzahn oder sind es Butterblumen?

Plötzlich ist die Wiese so weit weg, die Farben verschwimmen, ich höre die Bienen und Hummeln nicht mehr um den Apfelbaum summen und kann nichts mehr festhalten, alles zerrinnt mir unter den Lidern. Es muß die Müdigkeit sein, meine Augen brennen, die Arme sind kraftlos, ich rieche nichts mehr. Vielleicht bin ich doch verwundet. Aus einer offenen Wunde tropft eine violette Flüssigkeit. Sie sieht genauso aus wie die Flüssigkeit, die der Vogel von sich gab, der in Salzburg zwanzig Jahre später gegen mein Fenster fliegen sollte. Zuerst dachte ich, es sei Blut, bis ich dann feststellte, daß der Vogel eine Wacholderdrossel war, die betrunken gewesen sein muß von all den Wacholderbeeren und deshalb gegen das Fenster flog, wobei sie sich übergab. Sie saß einen Nachmittag lang benommen auf dem Balkon, dann flog sie weg, als ob nichts gewesen wäre.

Vielleicht ist die violette Flüssigkeit ja nichts als das Heidelbeereis, das ich heute Nachmittag gegessen und jetzt erbrochen habe. Wahrscheinlich habe ich einen Sonnenstich. Ich habe den ganzen Tag im Pichlingsee geübt, unter der Luftmatratze durchzutauchen. Wahrscheinlich dringen die Sonnenstrahlen bis weit unter das Wasser, und man bekommt auch einen Sonnenstich, wenn man taucht, bis man ohnmächtig wird und auf den Boden des Pichlingsees sinkt, wo schon so viele Leichen liegen, weil jedes Jahr Kinder in den Schotterseen rund um Linz ertrinken.

Aber ich bin nicht ertrunken, weil es meinem Vater vom Ufer aus auffiel, daß ich so lange unter der Luftmatratze verschwunden war, und da ist er ins Wasser gesprungen und hat mich herausgeholt. Am

Ufer hat er mich in den Schotter gelegt und mit den Händen so lange immer wieder auf meinen Brustkorb gedrückt, bis ich wieder geatmet habe. Aber schlecht war mir noch den ganzen restlichen Tag, und kleine gelbe Flecken krochen wie Ameisen unter den Lidern hin und her.

Abends, zu Hause wurde mir etwas besser und die gelben Flecken unter den Lidern verschwanden, und meine Arme waren nicht mehr so schwer und der Kopf auch nicht. Ich setzte mich auf den Schoß meines Vaters und lehnte den Kopf an seine Schulter. Da wurde mir besser und besser, bis ich es fast schon wieder interessant fand, daß ich einen Sonnenstich gehabt hatte und fast ertrunken wäre.

Ich wollte mich daran erinnern, wie es gewesen war, als die Sonnenstrahlen bis weit unter die Wasseroberfläche drangen und sich dort verbreiterten über mit Algen bewachsenen Steinen und toten, halb verwesten Fischen, und da bin ich auf dem Schoß meines Vaters auf und ab gehüpft und mein Gehirn ist in seiner Flüssigkeit auch auf und ab gehüpft, und in meinem Kopf hat es so merkwürdig gezuckt, und die Rosen auf der Wohnzimmertapete haben sich im Kreis gedreht wie alte Tanten, die sich plötzlich an den Händen fassen und durch die Wiese springen, und mir war nur ein klein wenig flau im Magen, als meine Mutter plötzlich mit einer ganz seltsamen Stimme sagte: »Komm endlich von Vatis Schoß. Einmal muß ja Schluß damit sein.«

Und ich wußte nicht, ob sie meinte, daß an dem einen Tag damit Schluß sein müsse, weil ich einen

Sonnenstich gehabt hatte und fast ertrunken wäre und mich ausruhen mußte, oder ob für immer damit Schluß sein müsse.

Wir standen schweigend im Badezimmer und starrten auf die Spitzenunterwäsche. Meine Mutter stand vorne beim Waschbecken, mein Vater stand neben dem Klo und ich in der Badezimmertür. An der Wäscheleine über unserer Badewanne hingen zwei weiße und ein roter Büstenhalter und vier Unterhöschen, von denen ich die Farbe vergessen habe. Die BHs waren an den Trägern mit je einer, die Unterhosen links und rechts am Hüftgummi mit je zwei Wäscheklammern an der Leine festgemacht. Von den Wäschestücken tropfte es in die Badewanne.

Der rote BH war der schönste. Die Körbchen waren klein, fest und halbkugelig geformt. Damals, 1966 oder 1967, waren noch alle BH-Körbchen verstärkt. Über die verstärkten Körbchen, die nicht schlaff von der Leine hingen, wie heute die unverstärkten BHs von der Leine hängen, sondern steif und irgendwie drall, war die Spitze straff gespannt.

Neulich habe ich einen Film über die Herstellung von Modellen für Marken-BHs gesehen. Zehn bis fünfzehn Frauen arbeiten wochenlang an so einem Modell, bis alles soweit stimmt – Rundung der Körbchen, Straffheit der Spitze, Abnäher, Seitennähte etc. –, daß der BH in Produktion gehen kann. Heute sind nur noch Marken-BHs von solcher Qualität. Ich glaube, früher waren auch noch Kaufhaus-BHs gut gearbeitet, denn Maschenka schien die Unterwäsche gleich am zweiten Tag ihres Aufenthalts in Linz allesamt im Passage-Kaufhaus gekauft zu haben. Die Wäschestücke kamen mir damals vor wie gefangene Prinzessinnen, die sich noch einen Augenblick gedulden müssen, bevor sie befreit werden und drauflos hüpfen dürfen, wohin sie wollen.

Es muß schon Abend gewesen sein, denn das Licht im Badezimmer war eingeschaltet. Es kann aber auch sein, daß dieser Nachmittag einer von denen war, an denen die Schneeflocken so dicht und schwer fallen, daß man, wenn man am Fenster steht und in das Schneegestöber schaut, plötzlich nicht mehr weiß, ob sie wirklich von oben nach unten oder vielleicht von unten nach oben fallen, so daß sich alles verkehrt und man meint, man wäre falsch herum auf die Welt gekommen.

Die Badezimmerlampe warf ein besonderes Glanzlicht auf den roten Spitzen-BH. Es lag etwas unterhalb der Körbchenspitze, auf die alles feinmaschig und blutrot zulief.

Es war der 24. Dezember, und das war der Anlaß für unsere Versammlung im Badezimmer. Meine Mutter war die erste, die das Schweigen brach. »Am Heiligen Abend Wäsche aufhängen!« sagte sie, wobei sie an ihrem Kleid herumzupfte.

Mein Vater sagte, daß der Heilige Abend für eine sechzehnjährige Tschechin, die im Kommunismus aufgewachsen sei, vielleicht nicht den Stellenwert habe, den er für uns habe. Meine Mutter sagte: »Wir sind hier aber in Österreich.« Sie sagte auch, wenn sie irgendwohin in ein anderes Land fahre, dann passe sie sich den dortigen Sitten und Gebräuchen an. Was aber nicht stimmte. Ich wußte noch genau, daß meine Mutter damals in Venedig die Kuddelsuppe nicht gegessen hatte, obwohl Ostern gewesen war. Oder Pfingsten.

Maschenka war eine Cousine der ersten Frau meines Vaters. Wie die Einladung überhaupt zustande gekommen war, weiß ich nicht mehr. Ich nehme an, meine Halbschwester hatte sie eingefädelt. Maschenka sprach kein Wort deutsch. Wenn wir gerade nicht unterwegs waren, saß sie meist im Schneidersitz auf dem Bett und schrieb in ihrem Tagebuch. Obwohl ich mich nicht mit ihr unterhalten konnte, fand ich sie sympathisch. Wenn sie lachte, hatte sie zwei Grübchen im Gesicht. Sie hatte außerdem große braune Augen, die sie weit aufreißen konnte. Alles, was sie sah, schien sie irgendwie zu begeistern. Immer, wenn ich etwas zu Maschenka sagen wollte und sie mich nicht verstand, deutete sie auf ihr Tagebuch. Mein Vater sagte, daß Maschenka gesagt hatte, darin schreibe sie alles für uns auf. Und tatsächlich hat sie uns am Vorabend ihrer Abreise das Tagebuch geschenkt. Mein Vater übersetzte es dann und las es uns abends vor. Aber entweder Maschenka ist doch nicht sehr weit mit ihrem Tagebuch gekommen, oder mein Vater kam nicht sehr weit mit der Übersetzung, oder er hörte aus irgendeinem Grund bald damit auf, uns aus dem Tagebuch vorzulesen, oder ich habe das meiste, das in dem Tagebuch stand, vergessen. Jedenfalls erinnere ich mich nur an zwei Kapitel. Ein Kapitel handelte von meinem Cousin Fritzi, dem Sohn der Schwester meiner Mutter, mit dem sie ein paarmal ausgegangen war und sich auf englisch unterhalten hatte. Maschenka schrieb über meinen Cousin Fritzi, außer, daß er große Ohren und einen kleinen Kopf habe, daß er sie einmal aus heiterem Himmel gefragt habe: »Can you kiss me, Kate?« Und daß sie erst nach langem Hin und Her herausbekommen habe, daß *Kiss me Kate* ein Musical sei und daß er das englische Verb »can« mit dem richtigen »know« verwechselt habe. Als sie ihn geküßt habe, sei er dann zurückgezuckt.

Das zweite Kapitel, das mein Vater uns später aus Maschenkas Tagebuch vorlas, handelte von ihm selbst. Darin schwärmte Maschenka regelrecht von meinem Vater. Das heißt, ganz sicher bin ich nicht mehr, jetzt, nach all der Zeit. Maschenka beschrieb nämlich auch ihre Vorstellungen von meinem Vater, bevor sie ihn dann zum erstenmal am Hauptbahnhof in Linz gesehen hatte. Da war er ein behäbiger und biederer Familienvater. Und nicht der großgewachsene, durchtrainierte Mann mit gekrümmter Adlernase und scharfem Blick, den strahlend blauen Augen und angegrauten Schläfen, gut gekleidet und außerdem gebildet und weltgewandt. Was er ja nun auch nicht gerade war. Maschenka aber hat alles aufgeschrieben. Täuscht mich meine Erinnerung so sehr, oder hat sie tatsächlich haarklein beschrieben, wie er frühmorgens nackt vor offenem Fenster seine Turnübungen machte? Wie er, nur auf die Fingerspitzen und die Zehenspitzen gestützt, dreißigmal hintereinander den Liegestütz ausführte? Wie er splitternackt in eiskalte Gebirgsbäche und Almseen sprang, durchtrainiert, wie er war? Und daß er ihr all die wunderbare Spitzenunterwäsche im Passage-Kaufhaus gekauft hatte?

Wie es auch gewesen sein mag, Tatsache ist, daß mein Vater uns danach nichts mehr aus Maschenkas Tagebuch vorlas und daß meine Mutter und er nächtelang im Wohnzimmer heftige Wortwechsel hatten.

Eines Nachts, zwei oder drei Jahre vor seinem Tod – ich war mit meiner kleinen Tochter zu Besuch nach Linz gekommen und schlief im Wohnzimmer, weil in meinem ehemaligen Kinderzimmer, neuerdings von meiner Mutter »Kabinett« genannt, meine Tochter schlief –, ging die Tür auf, und mein Vater kam nackt in mein Zimmer.

Durch die Ritzen der Blendläden muß das Licht von den Bogenlampen der Muldenstraße gekommen sein, oder vielleicht hatte ich die Blendläden gar nicht zu, sondern die Vorhänge, und das Licht kam links und rechts neben den Vorhängen ins Zimmer, oder mein Vater hatte im Eßzimmer, das vor dem Wohnzimmer liegt, Licht gemacht, und das Licht aus dem Eßzimmer erleuchtete das Wohnzimmer gerade genug, daß ich meinen Vater sehen konnte. Er hatte keine Zähne im Mund. Sein Körper war dünn und übersät mit roten und braunen Flecken, Warzen und Erhebungen. Überall am Hals, unter den Armen, am Bauch war zuviel Haut an seinem Körper. Die Arme waren dürr. Auch die Beine. Außerdem waren sie stark nach innen gebogen. Zwischen den krummen Beinen baumelte sein Geschlecht.

Mein Vater war damals schon sehr verwirrt. Wahrscheinlich wußte er gar nicht, wo er war und daß er überhaupt auf den Beinen war. Wahrscheinlich glaubte er, er läge im Bett und träumte. Oder er wußte, daß er nackt war und nicht träumte, glaubte aber, ich wäre irgendein Mädchen aus seiner Jugend oder meine Mutter, als sie noch jung war. Er lächelte mich so merkwürdig an.

Es muß an dem Tiefschlaf gelegen haben, aus dem er mich gerissen hatte. Statt ihn am Arm zu nehmen und in sein Bett zurückzubringen, drückte ich mich in eine Bettecke, zog die Decke über meinem Schlafanzug bis zum Hals hoch, so, als ob *ich* nackt gewesen wäre und nicht er, und starrte an meinem Vater vorbei auf das Ölbild an der gegenüberliegenden Wand, das meine Tante Juli gemalt hatte. Es stellte eine Blumenvase mit leuchtend blauen Blumen dar, die in einer Fensternische steht, hinter der eine lindgrüne, sanft gewellte Landschaft liegt.

Mein Vater rührte sich nicht von der Stelle. Ich glaube, ich sagte: »Geh weg!« Ich sagte es aber sehr leise, weil ich nicht wollte, daß meine Mutter auch noch aufwachte und mitten in der Nacht in mein Zimmer käme und ohne Zähne im Mund fragte, was denn hier los sei. Mein Vater schien ohne Orientierung, denn er drehte sich um und lief gegen die Wand, genau an der Stelle, wo früher einmal die Verbindungstür zwischen Wohn- und Schlafzimmer gewesen war, die er dann eines Tages selbst zugemauert hatte. Jetzt tastete er die Wand ab. Dann kam er auf mich zu. Direkt vor meinem Bett bückte er sich und machte mit der rechten Hand eine ausladende Bewegung unter das Bett, als wollte er eine Katze darunter hervorjagen. Dann ging er gebückt die ganze Längsseite meines Bettes entlang, alles mit dieser seltsam ausladenden Bewegung und sagte: »Pssst, pssst.«

»Was willst du?« flüsterte ich. Mir fiel ein, wie er noch am Vortag versucht hatte, zum Frühstück Kaffee in der Kaffeemaschine zu kochen und das Wasser in den Behälter für den Kaffee und den Kaffee in den Behälter für das Wasser getan hatte, so daß das Wasser kalt blieb, der Kaffee sich aber erhitzte und am Ende die ganze Maschine rauchte und alle Röhren und Öffnungen verstopft waren. Nachdem meine Mutter und ich die Maschine mit viel Mühe gereinigt hatten, ging er in die Küche und machte das Ganze noch einmal.

Mein Vater richtete sich dicht vor mir auf. Ich schaute wieder irgendwie zwanghaft auf das Ölbild meiner Tante Juli. Weit hinten in der lindgrünen Landschaft, unter gewaltigen Laubbäumen, standen zwei Frauen in langen Gewändern, die Köpfe geneigt, als tuschelten sie miteinander.

Mein Vater lächelte jetzt, als wäre ihm gerade eine gute Ausrede eingefallen. »Alles vermessen«, nuschelte er undeutlich. Oder er nuschelte: »Anzug vermessen.« Oder was immer auch sonst.

Ich knipste das Licht an, weil ich dachte, das brächte ihn zur Besinnung. Er aber machte Anstalten, zu mir ins Bett zu kriechen. Und da – es muß, wie gesagt, an dem vorangegangenen Tiefschlaf gelegen haben, oder es lag an den Nerven, meine Tochter war damals noch klein, ich hatte nie genug Schlaf und geriet deshalb schnell in Panik –, da gab ich meinem Vater einen ordentlichen Schlag oder Schubs, sprang aus dem Bett, lief ins Badezimmer und sperrte die Tür hinter mir zu. Ich wußte, daß es reine Hysterie war, aber ich konnte nichts dagegen tun.

Ich setzte mich auf den hinuntergeklappten Klodekkel, gänzlich willenlos der mich überschwemmenden Angst ausgeliefert.

»Was ist los?« rief meine Mutter, die von alledem doch noch geweckt worden sein mußte, vor der Badezimmertür. »Was machst du mitten in der Nacht da drinnen?«

Ich zog an der Spülung. Aber meine Mutter blieb, wie ich durch die Milchglasscheibe sah, vor der Badezimmertür stehen. Als ich schließlich vom Klo herunter war, lauerte sie mir vor der Tür auf. Da blieb mir nichts anderes übrig, als ihr mitzuteilen, daß Papa nackt durch die Wohnung liefe. Worauf sie sagte, daß es immer schlimmer werde mit seiner Verkalkung. Er geisterte nächtelang durch die Wohnung. Sie könne ihre beste Freundin aus Mindlingen nicht mehr nach Linz einladen, weil er auch nackt aufs Klo gehe und dann in der Dunkelheit die Türen verwechsle.

Ich murmelte meiner Mutter etwas von Durchfall zu, den ich hätte. Aber sie ließ nicht von mir ab. Sie lief hinter mir her.

Auch morgens, sagte sie, stehe der Vater nackt auf, gehe nackt durch die Wohnung ins Badezimmer, wo er sich nach dem Duschen aber immer noch nicht anziehe, sondern durch die Wohnung zurück ins Schlafzimmer gehe, um vor dem offenen Fenster seine Turnübungen zu machen, bevor er sich dann endlich anziehe.

Ich schloß die Tür hinter mir. Als ich längst im Bett lag und es wieder still war in der Wohnung, kam die nächste Panikwelle. Jetzt fürchtete ich, daß sich mein Vater in das Zimmer meiner Tochter schleichen könnte. Er würde sich an sie heranmachen. Sich an ihr vergehen. Ich sprang aus dem Bett, trug das schlafende Kind zu mir herein, stellte einen Polstersessel vor die Tür und verbrachte, aufrecht im Bett sitzend, den Rest der Nacht mit der Bewachung ihres Schlafes.

Mir war hundeelend, als ich am nächsten Tag mit meiner Tochter aus dem Zimmer kam. Meine Eltern saßen schon am Frühstückstisch. Mein Vater war blaß. Immer wieder fuhr er sich mit der Hand durch die schütteren Haare. Noch bevor ich ins Badezimmer gehen konnte, legte meine Mutter schon wieder los.

»Nachts liegt er quer im Bett«, sagte sie, »mit der Straßenbahn fährt er in die falsche Richtung oder steigt an der falschen Haltestelle aus. Er vergißt alles.«

Mein Vater rieb sich derweil verlegen die Nase und sah zu Boden. Irgendwann gelang es mir, mich ins Bad davonzustehlen, meine Tochter und mich zu waschen, anzuziehen, uns die Zähne zu putzen und einen Plan zu fassen. Als wir aus dem Badezimmer kamen, sagte ich, wir seien bei Freunden zum Mittagessen eingeladen. Dann verließ ich mit meiner Tochter das Elternhaus.

»Was hat er denn bei dir gewollt?« rief mir meine Mutter noch durchs Treppenhaus nach.

Ich beschloß nun, selbst meine Freunde in Linz mit einem improvisierten Mittagessen zu überraschen. Deshalb fuhr ich mit der Straßenbahn in die Innenstadt, stieg an der Haltestelle »Goethekreuzung« aus, ging in das Delikatessengeschäft »Meindl«, wo ich Lachs, eine Dose roten Kaviar, Baguette und spanischen Sekt in den Einkaufswagen legte. Als ich mit dem Einkaufswagen, auf dessen heruntergeklapptem Drahteinsatz meine kleine Tochter saß, an der Kasse wartete, wurde mir plötzlich schlecht. Ich ließ den Wagen stehen und lief mit meiner Tochter auf dem Arm aus dem Delikatessengeschäft in den Schillerpark gegenüber, wo ich unter hohen, lindgrünen Bäumen ins Gebüsch kotzte.

Der Hermann Schürrer, sagte meine Bekannte, die österreichische Schriftstellerin, mit der zusammen ich in Berlin den Turnverein besuche, nach der Turnstunde am Mittwochabend beim Bier, nachdem ich ihr die Geschichte von dem Berliner Schriftsteller erzählt hatte, der mit meinem Mann während einer Autofahrt sturzbetrunken über Literatur gesprochen und mitten im Reden plötzlich angehalten, in den Rinnstein gekotzt, weitergefahren und dabei weitergesprochen habe, als wäre nichts geschehen, der Hermann Schürrer habe nicht nur gesoffen, bis er ohne bezahlt zu haben aus dem Lokal gewankt und auf die Straße getorkelt sei, wo er geschrien und geflucht und sein künstliches Gebiß aus dem Mund gerissen und in den Rinnstein geschleudert habe, sondern er habe auch gekotzt. Im Lokal drinnen habe er manchmal auf den Boden und manchmal auf den Tisch gekotzt, oder er habe einem Kollegen oder dem Wirt oder sich selbst auf den Anzug gekotzt, und draußen habe er weitergekotzt, bis er alles aus sich herausgekotzt habe. Oder er habe sich mit jemandem geschlagen; mit einem Kollegen oder mit dem Wirt oder einem Passanten, dem er beim Vorbeigehen auf den Anzug gekotzt habe. Meistens hätten sie ihn zusammengeschlagen, sagte meine Bekannte, und er habe aus der Nase oder aus dem Mund oder von den Lippen oder überall geblutet und sei blutend und William Blake rezitierend (*O rose, thou art sick* sei sein Lieblingsgedicht gewesen, sagte sie) nach Hause gegangen, nachdem er sein Gebiß aufgehoben und wieder in den Mund gesteckt habe.

Was für glanzvolle Anfänge. Und dieses Ende. In der Morgendämmerung hintereinandergestaffelte Hügelketten. Silbergrau. Farntaublitzen. Urwälder noch. Steinpilze, Eierschwammerl, Borkenkäfer. Weite Himmel, klare Tage, kalte Luft. Smaragdgrüne Seen. Gebirgsbäche, sprudelnd weiß. Kalkwände. Granit-, Feldspat- und Glimmerglanz. Das Urzeitmeer. Das Hin- und Herwogen der Wälder. Preiselbeeren, Vogelbeeren, Himbeeren, Brombeeren, Heidelbeeren, Walderdbeeren. Holunder, Hagebutte und Haselnußstrauch. Ribisel, Rhabarber und rote Rüben. Rapunzel, Rapunzel, laß herab dein Haar. Pssst, pssst. Höhlen, Berge, ganze Finsternisse voller Wälder. So tiefe Täler. Dreißig Zentimeter hoch liegt der Schnee auf Tannenzweigen. Es glitzert das Eis, leuchtet der Dezemberhimmel, strahlt blau der Enzian, glänzen die Fichtennadeln, funkeln die Sterne am Himmel. Und dann das allmähliche Verblassen der Farben, das Auflösen der Formen, das Auslöschen der Hoffnung, Verglimmen des Lichts im Dunkel. Das Zischen beim Verlöschen der Glut im Wasser. Das Ende, wie immer, schmählich.

Was für ein Sturm heute ist. Wer weiß, was da alles durch die Luft zieht: Fledermäuse, fliegende Hunde, Turmfalken, Sturmfalken. Ganz fremde Insekten. Schwärme von unsichtbaren Würmern. Widerliche Föhnnächte! Staub überall in der Luft. Wer weiß, wo sie sich einnisten in diesen Nächten? Das kann niemand verhindern. Mit Rüsseln klammern sie sich an. Graben sich ins duftende Rosenbettchen. Haftplättchen an den haardünnen Beinchen. Saugnäpfchen an der Unterseite des Leibes, bereiten sie die Zerstörung vor von langer Hand.

Hat alles schon vor sechzehn Jahren angefangen, als mein Vater eines Abends in Grünau plötzlich vor der Badezimmertür von Resi und Rupert das Bewußtsein verlor, wobei er sich, wie meine Mutter sich ausdrückte, oben und unten entleerte?

Meine Mutter sagte, es sei ein schwüler Sommerabend gewesen, und mein Vater habe mit dem Rupert Bier getrunken, wie jeden Abend. Es habe keine Anzeichen von Schwäche gegeben. Als er nach dem Abendessen ins Badezimmer gegangen sei – sie erinnere sich sogar, daß durch das Badezimmerfenster das letzte Sonnenlicht gekommen sei, denn als mein Vater die Tür geöffnet habe, sei Licht auf ihren Rock gefallen –, sei er so rosig im Gesicht gewesen wie immer. Auch als er wieder aus dem Badezimmer herausgekommen sei, also kurz bevor er das Bewußtsein verloren habe, sei er noch rosig im Gesicht gewesen. Glaube sie. Aber beschwören könne sie das nicht. Es könne auch sein, daß das Abendlicht das Gesicht meines Vaters rosig verfärbt habe.

Als er auf dem Boden gelegen habe, sei er jedenfalls plötzlich grünlichweiß gewesen, das wisse sie noch so genau, als ob es gestern gewesen wäre. Die Resi sei aufgesprungen und habe sich neben meinen Vater hingekniet und sein Gesicht getätschelt, wobei sie seinen Namen gerufen habe. Meine Mutter sagte, sie selbst sei wie gelähmt gewesen. Der Schreck sei ihr furchtbar in die Glieder gefahren. Besonders in die Beine. Sie habe sogar sitzend gespürt, wie ihre Beine nachgegeben hätten. Sie hätten so gezittert, daß sie nicht gewagt habe, aufzustehen.

Neben dem Gesicht meines Vaters habe sich langsam eine grünlichgelbe Lache ausgebreitet. Sie habe sich im ersten Moment gefragt, woher die Flüssigkeit gekommen sein könne, und selbst, als ihr schon klar gewesen sei, daß es eine Flüssigkeit sein müsse, die mein Vater von sich gegeben hatte, habe sie noch nicht begriffen, daß mein Vater sich übergeben hatte. Gott sei Dank seien die Resi und der Rupert dagewesen. Die beiden zusammen hätten meinen Vater, der immer noch ohne Bewußtsein gewesen sei, zur Seite gedreht und sein Gebiß aus dem Mund genommen. Das Licht vom Badezimmerfenster sei nun durch die offengebliebene Tür auf die freie Brust meines Vaters gefallen, so daß es ausgesehen habe, als ob er aus drei Einzelteilen bestünde: dem Kopf, der günlichweiß ausgesehen habe, der Brust, die nun vom Abendlicht fast blutrot gefärbt, und dem Unterleib, der von einer beigen Cordhose bedeckt gewesen sei.

Kaum, daß mein Vater auf der Seite gelegen habe, da hätte sie es schon gerochen. Die braunen Flecken hätten sich auf seinem Hosenboden ausgebreitet. Auf der Gesichtsseite meines Vaters sei die gründgelbe Flüssigkeit langsam auf das rote Licht zugekrochen, das sich bereits in Richtung Badezimmertür zurückgezogen habe; immer mehr. Man habe zusehen können, sagte meine Mutter. Sie sei schließlich aufgesprungen, um für meinen Vater frische Kleidung aus ihrer Wohnung zu holen.

Ich werde nie vergessen, wie meine Mutter den gut fünfzehn Minuten langen Weg später beschrieb. Es war der reine Kreuzweg. Sie erwähnte mit keinem Wort meinen Vater, von dem sie doch hatte annehmen müssen, daß er auf dem Fußboden im Wohnzimmer von Resi und Rupert im Sterben lag, sondern schilderte lang und breit den Weg zu ihrer Wohnung, als wäre sie nicht ein Stück Asphaltstraße geradeaus gelaufen, sondern hätte sich durch Urwälder kämpfen müssen. Es war die Rede von Wurzeln am Straßenrand, Zweigen im Gesicht, Mückenschwärmen, irgendwelchen Lichtern, die aus den Büschen geleuchtet hätten, und von Passanten, vor denen sie hätte fliehen müssen wie vor wilden Tieren. Als sie mit der frischen Wäsche in der Hand die Wohnung von Resi und Rupert wieder erreicht habe, sei sie fix und fertig gewesen, sagte sie.

Mein Vater sei im Wohnzimmer nackt unter einer dicken Wolldecke gelegen und bereits wieder bei Bewußtsein gewesen. Er habe sie irgendwie schuldbewußt angeschaut. Während Rupert für sie alle Schnaps eingeschenkt habe, habe mein Vater die frischen Kleider angezogen. Die beschmutzten habe die Resi schon in die Waschmaschine gesteckt gehabt. Sie hätten dann den Schnaps getrunken, und dann seien meine Eltern wieder in ihre Wohnung gegangen. Am Rückweg habe mein Vater die Sterne am Himmel betrachtet und gesagt, sie sähen alle wie frisch geschrubbt aus. Da hätten ihre Beine zum zweitenmal an diesem Tag nachgegeben, sagte meine Mutter, und mein Vater habe sie stützen müssen, damit sie überhaupt habe nach Hause gehen können.

Das Schloß meines Vaters

Der Tag, an dem meine Mutter meinen Vater ins Wagner-Jauregg-Krankenhaus brachte, von wo er nicht mehr nach Hause zurückkommen sollte, war ein schöner Februartag. Überall lag Schnee, und der Himmel war tiefblau. Die Kinder fuhren auf den Abhängen zur Wankmüllerhofstraße Schlitten, und die Hunde wälzten sich im Schnee. Auf dem Gehweg zum Wagner-Jauregg-Krankenhaus hinauf war kein Sand gestreut, so daß mein Vater meine Mutter, die viel wackliger auf den Beinen war als er, den Hügel hinaufziehen mußte. Ihr Atem wehte den ganzen Weg lang wie viele kleine aufeinanderfolgende weiße Fahnen vor ihr her.

Die Stiegen ins Krankenhaus sei mein Vater noch neben ihr hergehüpft, sagte meine Mutter später, weil er ja nicht habe wissen können, daß im Wagner-Jauregg sein Sterben beginnen würde. Sie habe es ja auch nicht gewußt, sagte meine Mutter und weinte. Sie habe nur einmal eine Nacht durchschlafen wollen. Sie sei total erschöpft gewesen. Es sei vor allem wegen seiner Unruhe gewesen. Nächtelang habe er gesucht und gesucht. Seine Uhr, seine Brille, den Hörapparat, das Geld, das Gebiß. Er sei jede Nacht mehrmals aufgestanden, um irgend etwas zu suchen. Oder er sei mitten in der Nacht aufgestanden und habe gar nichts gesucht, sondern sich in den Fernsehsessel gesetzt. Nackt, sagte sie, obwohl es doch dazu viel zu kalt in der Wohnung gewesen sei. Er habe sich dann nicht mehr von ihr ins Bett bringen lassen wollen. Einmal habe er ihr, als sie ihn habe ins Bett ziehen wollen, sogar einen Schubs gegeben, daß sie hingefallen sei. Sie sei zwei Stunden lang nicht mehr hochgekommen. Auch mein Vater, der sie habe hochziehen wollen, habe sie nicht hochziehen können. Als sie endlich doch hochgekommen und wieder im Bett gelegen sei und mein Vater auch, habe er sich dann quer hingelegt, so daß sein Kopf auf ihrer Betthälfte gelegen habe und seine nackten Füße auf der anderen Bettseite aus dem Bett hinausgehangen hätten. Sie habe drei Stunden ununterbrochen geweint. Am nächsten Tag habe sie zum erstenmal versucht, meinen Vater im Wagner-Jauregg-Krankenhaus einstellen zu lassen. Die Überweisung von der Hausärztin habe sie längst in der Tasche gehabt. »Lassen Sie Ihren Mann einstellen«, habe die Hausärztin zu ihr gesagt, als sie das letztemal wegen ihrem Rheuma in der Praxis gewesen sei und, als die Ärztin sie nach dem Zustand meines Vater gefragt habe, wieder nur geheult und geheult habe. »Sie müssen sich ausruhen, Frau Mirwald«, habe die Hausärztin zu ihr gesagt und: »Sie müssen wieder einmal eine Nacht durchschlafen.« Aber der Oberarzt habe meinen Vater, wie gesagt, nicht angenommen. Er könne nichts mehr für meinen Vater tun, habe er gesagt. »Stell dir das vor«, sagt meine Mutter zu mir.

In jener Winternacht jedoch, als der Vater im Unterhemd vor der Haustür gestanden und rausgewollt und sie ihm den Schlüssel abgenommen habe und er sich dann auf den Steinfußboden im Stiegenhaus gesetzt und sie alle Leute im Haus rausgeklingelt und die alte Frau Jäger vom Parterre ihn gebeten habe, wieder raufzugehen in die Wohnung – »Herr Mirwald«, habe sie gesagt, »so nehmen Sie doch Vernunft an« –, was aber alles nicht genützt habe, und die beiden Polen, die abends das Wohnzimmer der Hilla renovierten, ihn schließlich in unsere Wohnung hinaufgetragen hätten – »du kannst dir nicht vorstellen, wie steif er sich gemacht hat«, sagte meine Mutter – und als er dann, nachdem er endlich im Bett gelegen habe, im Unterhemd – aber das sei ihr egal gewesen –, wieder aufgestanden sei und wieder runtergegangen und sich wieder vor die Haustür gesetzt habe, da habe sie gewußt, daß nun Schluß sei. Gleich am nächsten Morgen nach dem Frühstück sei sie an jenem sonnigen Wintertag wieder mit ihm ins Wagner-Jauregg-Krankenhaus gegangen.

»Herr Doktor«, habe sie dort zu dem Oberarzt gesagt, »ich kann nicht mehr. Diese Unruhe«, habe sie gesagt, »das An- und Ausziehen, die ganze Nacht. Er will immer raus und rein in die Dunkelheit, in die Kälte, nackt, Herr Oberarzt, er ist ja nicht mehr zu lenken. Er macht, was er will, er schubst mich mitten in der Nacht, daß ich hinfalle und nicht mehr hochkomme. Er zieht sich nicht aus und nicht an. Je nachdem. Er streicht die Butter auf den Käse. Herr Oberarzt, das halte ich nicht mehr länger aus. So ein Mann ist doch kein Kind. Bei einem Kind kann man das alles noch ertragen, weil es bergauf geht, aber bei einem alten Mann, bei dem alles immer nur bergab geht? Und er wäscht sich nicht und putzt sich nicht die Nase und kämmt sich nicht die Haare. Ich gehe mit ihm zum Friseur und kurz bevor er an die Reihe kommt, läuft er davon. Ich weiß nicht, wohin er gelaufen ist, und ich suche ihn, aber ich bin selbst zu alt. Ich habe Rheuma und steife Knie, ich habe Schmerzen im Nacken und in den Gelenken, und mir ist immer schwindlig. Was glauben Sie, Herr Oberarzt, wie oft ich schon hingefallen bin, auch ohne daß er mich schubst? Ich kann nicht die ganze Gegend absuchen nach einem Mann, der vor dem Friseur wegläuft und dann stundenlang nicht mehr auftaucht. Was wissen denn Sie, von wo ihn mir wildfremde Menschen, die seinen Ausweis in der Manteltasche gefunden haben, zurückbringen. Von Tankstellen, aus Wirtshäusern, aus Sexkinos. Einmal hat ihn die Polizei mitten auf der Autobahn aufgelesen. Die Frau Jäger sagt jeden Tag zu mir: Sie dürfen ihn nicht alleine spazierengehen lassen, Frau Mirwald, er ist eine Gefahr für die Umwelt. Aber was soll ich denn tun, Herr Doktor, bei seiner Gesundheit?«

Und da habe der Oberarzt endlich gesagt, dann solle sie meinen Vater eben um Gottes willen dalassen.

Den Rest wisse ich ja, sagte meine Mutter, da brauche sie mir nichts weiter erzählen. Nach zwei Lungenentzündungen hintereinander stehe kein Neunundachtzigjähriger mehr auf. Sie habe die direkte Überstellung vom Krankenhaus ins Pflegeheim beantragt.

Im Pflegeheim habe mein Vater sofort die dritte Lungenentzündung bekommen, die wieder mit Antibiotika bekämpft worden sei.

Meine Mutter sagte, die Krankenschwester vom Pflegeheim berichte ihr täglich, daß mein Vater, im Bett liegend, Gymnastik mache. Er strecke beide Beine in die Luft, strample und senke sie dann wieder.

»Der Herr Mirwald hat wieder geturnt«, sagte meine Mutter am Telefon, habe die Krankenschwester wieder gesagt und gelacht. Die Krankenschwestern im Pflegeheim seien sehr nett und immer fröhlich.

Mein Vater war Anfang April vom Krankenhaus ins Pflegeheim überstellt worden. Mitte April hatte er seine dritte Lungenentzündung bekommen. Anfang Mai war sie durch die ständige Gabe von Antibiotika ausgeheilt. Anfang Oktober, nach meinem letzten Besuch im Pflegeheim, bekam er die vierte Lungenentzündung. Meine Mutter verweigerte die erneute Überstellung meines Vaters ins Krankenhaus. Fünf Tage bevor er starb, wurden auf ihren Wunsch die Antibiotika abgesetzt.

Das Schloß, in dem die Pflegestation des Altenheims untergebracht war, in dem mein Vater die letzten Monate seines Lebens verbrachte, war leuchtend gelb. Es lag auf einem Hügel, dem Hügel gegenüber, auf dem unsere Wohnung lag. Meine ganze Kindheit lang hatte ich es vor Augen. Damals war es noch ein ganz normales Altersheim.

Nachts war es hell erleuchtet. Da es alte, hohe Fenster hatte, war die klare Vorderfront großflächig durchbrochen von Licht. Manchmal stand ich nachts, wenn meine Eltern schon schliefen, noch einmal heimlich auf und sah durch die Ritzen in den Blendläden meines Zimmers, wie eines der großen Fenster geöffnet wurde und jemand in die Nacht hinaus in meine Richtung schaute. Manchmal reckte oder streckte sich jemand oder stellte einen Blumenstock auf das Fensterbrett. Wenn eine windige Nacht war, hörte ich die Pappeln vor dem Schloß rauschen, und ich konnte gegen das Licht sehen, wie die großen, schlanken Bäume sich weit nach rechts und nach links beugten.

Das Schloß sah zu jeder Jahreszeit anders aus. Im Sommer war das Gelb am leuchtendsten. Es war dann so kräftig und strahlend golden, daß ich manchmal dachte, jetzt und jetzt kämen Reiter den Hügel hinaufgeritten, mit bunten Fahnen in den Händen, und die Wache würde die Trompeten blasen und ein prächtiger König ritte auf einem roten Teppich durchs Tor.

Im Frühling waren die Pappeln und Birken im Park saftig- bis zartgrün, und auch das Gelb war heller, transparenter. Die weiche Luft schien das Schloß dann leichthin aufzunehmen und weiterzuspiegeln in den Himmel hinein, der sich in der Dämmerung blauviolett verfärbte und hier und dort grüne Wolkenspritzer verteilt hatte.

Im Herbst sah es solider aus, kompakter, ein rechteckiges Gebäude mit sicherem Dach. Bei schönem klarem Herbstwetter gaben die Mauern ihr Gelb an die Bäume des Parks weiter und an einzelne Sonnenblumen, die immer noch blühten, obwohl sie die meiste Zeit nicht mehr zu wissen schienen, wohin sie ihre Köpfe wenden sollten.

Im Winter war es ein Eispalast. Grazil, aber mit klaren Formen, stand es da unter dem weiten blauen Himmel, mit einer Schneehaube, umgeben von tief verschneiten Bäumen, in deren Kronen Vögel ein und aus flogen, weil überall an den Stämmen Vogelhäuser angebracht waren. Im Winter war Empfangszeit. Da gingen wir Kinder mit unseren Schlitten zum Schloß hinüber. Manche kamen auch mit Skiern. Die alten Leute legten Kissen in die Fenster des Schlosses und sahen uns beim Schlittenfahren zu. Das war vor der Zeit, als das Altersheim ausgebaut wurde. Da war noch Platz.

Wenn ich meinen Schlitten den Hügel hinaufgezogen hatte und mich ein Stück unterhalb des Schlosses, etwa in der Mitte der Längsseite des Gebäudes, draufsetzte, um hinunterzufahren, dann befand ich mich ziemlich genau auf gleicher Höhe mit unserer Wohnung. Dazwischen lag nur die Muldenstraße.

Meistens, am Sonntagvormittag, wenn ich schlittenfuhr, trat irgendwann mein Vater auf den Balkon unserer Wohnung, um den Schnee wegzukehren oder die Vögel zu füttern, und dann blieb er mit dem Besen oder dem Vogelfutter in der Hand stehen, legte die andere Hand an die Stirn, um die Augen vor der Sonne zu schützen, und schaute zu dem Hügel herüber. Da wußte ich, daß er mich suchte, und ich winkte so lange, bis er mich gesehen hatte, und dann winkten wir alle beide, und mein Vater blieb, an die Balkonbrüstung gelehnt, stehen, bis ich auf meinem Schlitten den Hügel hinuntergefahren war, und dann winkte er noch einmal, und ich winkte auch noch einmal und wartete, bis er sich die Schuhe vom Schnee abgeklopft hatte und in der Wohnung verschwunden war.

Manchmal hatte meine Mutter Grammeln ausgelassen, während ich beim Schloß schlittenfuhr, und wenn ich dann, durchgefroren, mit roten Händen und Wangen nach Hause kam, dann standen die Grammeln schon dampfend auf dem Tisch.

Ich weiß nicht mehr, wann sie mit dem Ausbau des Alterheims angefangen haben. Heute sind jedenfalls dort, wo wir damals schlittengefahren sind, Parkanlagen mit Kieswegen, Ziersträuchern und einem kleinen Goldfischteich. Und der flache, langgezogene Bau unterhalb des Schlosses, in dem Festsäle, die Turnhalle und das Café für die alten Leute untergebracht sind. Rechts vom Schloß wurde ein Hochhaus mit Appartements gebaut. Ins Schloß selbst kam die Pflegestation. In der Zeit, als mein Vater dort lag, wurde der Komplex weiter ausgebaut. In einem der neuen Gebäude, so hieß es, solle später die Pflegestation untergebracht werden, weil es im Schloß nur große, hohe Räume gab, wo die Alten zu sechst in einem Zimmer lagen, bis sie starben.

Das letzte halbe Jahr seines Lebens hat mein Vater im Gitterbett zugebracht. Meine Mutter hat ihn jeden Tag von zwei bis vier Uhr nachmittags im Pflegeheim besucht. Ende August 1994, als ich für zehn Tage in Linz zu Besuch war, habe auch ich meinen Vater jeden Tag zwischen zwei und vier Uhr nachmittags besucht.

Es ging den ganzen Tag nur ums Essen und Trinken. Während des Frühstücks, vor dem mir, noch im Bett liegend, schon immer graute, besprachen meine Mutter und ich, was wir zum Mittag- und zum Abendessen besorgen und was wir meinem Vater zum Essen und Trinken ins Pflegeheim mitbringen könnten. Unmittelbar nach dem Frühstück brachen wir auf.

Die kleinen Geschäfte und Läden meiner Kindheit waren mit der Zeit alle geschlossen worden. Das Milchgeschäft »Marianne«, das fünf Minuten von unserer Wohnung entfernt auf dem Lerchenfeld gelegen hatte, in dem wir die Milch noch in der Milchkanne geholt hatten und in dem ich mit sechs Jahren die weiße Hochzeitskutsche aus Plastik mit den zwei Pralinen darin für den zehnten Hochzeitstag meiner Eltern gekauft hatte, war als erstes geschlossen worden. Dann der Bäcker in der Wankmüllerhofstraße, der Salzbrezeln für fünfzig Groschen das Stück verkauft hatte. Und schließlich auch das Lebensmittelgeschäft »Kolczak« in der Eisenwerkstraße, zu dem wir durch einen kleinen Park gegangen waren, an dem Teich mit den Seerosen vorbei, in dem mein Cousin und ich die Kaulquappen im Marmeladeglas gefangen hatten, um zu sehen, wie daraus Kröten würden.

Wenn meine Mutter einkaufen gehen wollte, mußte sie, seit der »Kolczak« geschlossen hatte, ins »Einkaufszentrum Muldenstraße« gehen, das etwa einen Kilometer von ihrer Wohnung entfernt liegt. Meine Mutter, deren ständige Schwindelgefühle sich verstärkt hatten, seit mein Vater im Pflegeheim lag, brauchte für den Weg fast eine Dreiviertelstunde. Und zurück auch. Ich allein hätte es selbstverständlich bedeutend schneller geschafft, aber meine Mutter, die ohnehin schon ganz blaß und steif war, mußte sich unbedingt wenigstens einmal am Tag länger im Freien bewegen. Meine Mutter am Arm, die sich schwer an mich hängte, ging ich also täglich gleich nach dem Frühstück ins »Einkaufszentrum Muldenstraße«, am Pflegeheim vorbei, wo mein Vater auf das Sterben wartete, vorbei an dem Gebäude der ehemaligen Generaldirektion der VÖEST, wo er einmal gearbeitet hatte und wo nun ein Ausbildungs- und Umschulungszentrum untergebracht war, vorbei an meiner ehemaligen Volksschule, die links, erhöht, auf dem Spallerhof lag.

Schon auf dem Weg zum Einkaufszentrum wurde meine Mutter immer nervöser, und im Supermarkt verlor sie dann regelmäßig die Nerven. Sie steuerte mit dem Einkaufswagen ziellos durch die Reihen der Regale und wußte nicht mehr, was sie wollte. Wir kauften daher stets einerseits zuviel und andererseits zuwenig ein. Zuviel an Fruchtzwergen, Joghurts und Schokoladecremen, zuwenig an Brot, Obst, Gemüse und Fleisch. Wenn ich meine Mutter und all die Eßwaren wieder nach Hause geschleppt hatte, stellten wir fest, was alles fehlte. Meistens mußte ich dann nochmal los.

Kam ich gegen elf, halb zwölf Uhr Mittag nach Hause, stand das Essen schon auf dem Tisch. Während wir die aufgeweichten, wäßrigen, matschigen Knödl, aus denen die Grammeln quollen wie Eingeweide, oder die vom Wenden in der Pfanne zerfallenen, von zu altem Bratenfett rotbraun verfärbten Tiefkühlfischfilets oder die innen noch ganz rohen Hühnerkeulen, die meine Mutter achtlos zubereitet hatte, aßen, sprachen wir noch einmal darüber, was wir für meinen Vater zum Essen ins Pflegeheim mitnehmen würden.

»Er ißt so gerne Fruchtzwerge«, sagte meine Mutter oder: »Heute kriegt er Sahnejoghurt.« Einmal hatte sie selbst eine Weinschaumcreme gemacht und in ein ausgewaschenes Gurkenglas gefüllt, dessen Verschluß aber nicht dichthielt, so daß der Weinschaum in der blauen Tasche meiner Mutter auslief und alles, was sonst noch darin war, verklebte.

Für meinen ersten Besuch im Pflegeheim hatte ich Sekt besorgt. Wir hatten alles in der blauen Tasche mit. Sektgläser, Salzcrackers, Salzstangen, Fruchtzwerge, Sahnejoghurt und Servietten. Ich trug die Tasche mit den Eßwaren, der Sektflasche und den Sektgläsern, die wir wie bei einem Umzug in Zeitungspapier gewickelt hatten, damit sie beim Transport nicht kaputtgingen, in der einen Hand. Am anderen Arm hängte sich meine Mutter ein. Wir brachen um Viertel vor zwei auf. Zuerst gingen wir die steile Treppe hinunter, die neuerdings unseren Wohnblock mit der Muldenstraße verbindet, überquerten dann die Muldenstraße und machten uns an den Aufstieg durch die Parkanlage des Altersheims oder – wie es heute heißt – »Seniorenheims Linz« zum Schloß.

Wir gingen Kieswege hinauf, gesäumt von Blumenbeeten, Ziersträuchern und Büschen. Am Goldfischteich blieben wir einen Moment stehen, und meine Mutter fütterte die Goldfische mit altem Brot. Nichts erinnerte an die Wiesen, auf denen ich einmal schlittengefahren war.

Während ich meine Mutter das letzte steile Stück zum Schloß hinaufschleppe, frage ich mich, ob einige der Bäume und Büsche wohl noch dieselben von damals sind.

Auf halber Höhe des Hügels betreten wir das Hauptgebäude des Seniorenheims. Ich weiß nicht, wie die alten Menschen die schweren Schwingtüren aufkriegen. Ich habe meine Mühe damit. Wir durchqueren einen sehr hohen, kahlen Raum, an dessen Längsseiten vereinzelt alte Menschen auf Stühlen sitzen und vor sich hinstarren, und betreten einen langen Gang. Es handelt sich um den unterirdischen Verbindungsgang zwischen den verschiedenen Gebäudetrakten. Überall gehen Türen ab, an denen aber keine Schilder angebracht sind. Meine Mutter sagt, es seien die Hintereingänge zu den Festsälen, den Küchen, den Waschanlagen. Nirgends hängt ein Bild oder steht ein Stuhl oder ein Tisch. Nur die Farbe der Wände ist schon die der Krankenzimmer (gelblich-weiß) und der Geruch ist der gleiche (süßlich-muffig). Der gänzlich kahle, sehr lange Gang steigt leicht an und macht schließlich eine Biegung um neunzig Grad. Wir begegnen die ganze Zeit niemandem. Nach der Biegung am Ende des Ganges befinden sich zwei Lifte. Einen davon betreten wird. Er ist so geräumig, daß mehrere Krankenbetten hineinpassen würden. Wir fahren rasch und fast lautlos drei Stockwerke hoch. Es riecht auch im Lift süßlich und muffig.

Als sich die Tür des Lifts lautlos öffnet, treten wir auf einen langen Gang, an dessen einer Seite Stühle stehen und dazwischen Tische und auf dessen anderer Seite sich im Abstand von je zwei oder drei Metern zirka zehn Fernsehapparate befinden, die alle eingeschaltet sind. In dem Gang hängt eine dicke Dunstwolke. Die alten Männer, die auf den Stühlen sitzen, rauchen fast alle. Einige trinken auch Bier oder Wein. Niemand schaut auf die laufenden Fernsehapparate. Schwestern eilen mit fahrbaren Tischen vorbei, auf denen sich Instrumente, Medizin und Essensreste befinden, Besucher gehen mit festem Schritt und laut sprechend vorbei. Das Zimmer, in dem mein Vater liegt, befindet sich direkt gegenüber des Lifts. Meine Mutter öffnet die Tür, und einen Augenblick lang wird mir schwarz vor Augen. Als ich wieder richtig sehen kann, sehe ich ein Zimmer mit sehr hoher Decke, in dem sechs Betten stehen. In dem ersten Bett rechts von der Tür liegt mein Vater. Das Gitter seines Bettes ist hochgeklappt. Er liegt auf dem Rücken, die Beine angezogen, die dünnen Arme auf der Bettdecke, an der seine Hände herumnesteln. Als wir durch die Tür kommen, hebt er den Kopf. Ich weiß nicht, ob er mich erkennt. Er ist sehr blaß und sehr dünn, seine Nase ist noch spitzer geworden, und sein Mund ist erkennbar trocken. In den Mundwinkeln ist ein weißer Belag. Ich beuge mich über ihn, und er schaut mich an. Seine Augen, die in den letzten Jahren immer wäßriger wurden, sind jetzt fast durchsichtig. Mein Vater greift immer wieder nach dem hölzernen Haltegriff, der über seinem Bett hängt, erwischt ihn aber nicht. Als ich seine Hand dort hinlegen möchte, merke ich, daß sein Arm ganz steif ist. Ich lasse die Hand los, sie bleibt zwischen Bettdecke und hölzernem Haltegriff zittrig schweben. Mich zu sehen muß eine große Anstrengung für meinen Vater sein. Immer wieder hebt er den Kopf und hält ihn lange über dem Kopfkissen in der Luft.

»Vati«, sage ich, »ich bin aus Berlin gekommen, um dich zu besuchen.« Mein Vater schaut wie hilfesuchend meine Mutter an, die einen Fruchtzwerg aus der Tasche geholt hat. Sie beginnt den Vater sofort zu füttern. Er läßt den Kopf in das Kopfkissen zurücksinken und ißt den ganzen Fruchtzwerg auf. Immer wieder läuft etwas daneben. Ich sehe, daß er keine Zähne im Mund hat. Neben seinem Bett steht eine braune Schale, auf die ein Zettel mit der Beschriftung »Mirwald« geklebt ist. Nachdem er aufgegessen hat, wischt meine Mutter ihm den Mund ab. Mein Vater schaut mich mit diesem wäßrigen Blick an. Ich nehme seine Hand und drücke sie ganz leicht. Auf der Außenseite der linken Hand, die ich halte, ist ein brauner, öliger Fleck. Ich frage mich, was das für ein Fleck ist. Meine Mutter fragt meinen Vater, ob er aufstehen möchte. Mein Vater starrt sie an. Auf seiner Stirn bilden sich zwei Falten, als ob er nachdenken wollte. Meine Mutter läuft los, um einen Rollstuhl zu suchen. »Der Rollstuhl«, sagt sie, »ist immer weg, wenn man ihn braucht.«

Durch das große Fenster am anderen Ende des Krankenzimmers sieht man die VÖEST. Aus hohen Schloten dampft es braun, grau, violett und gelb in einen strahlend blauen Himmel hinein. Irgendwann kommt meine Mutter mit einem Rollstuhl zurück.

»Ich habe dem Pfleger gesagt, er soll uns helfen«, sagt sie. Aber der Pfleger kommt nicht. Nach fünf Minuten sagt meine Mutter: »Wir probieren es jetzt alleine.« Sie löst die Gitterbettsperre, das Gitter rasselt nach unten. Meine Mutter schiebt den Rollstuhl dicht an das Bett heran. Ich versuche, den Oberkörper meines Vaters anzuheben. Aber er ist zu steif.

»Er will nicht«, sage ich zu meiner Mutter, »er macht sich steif.« Aber meine Mutter sagt, er sei immer so steif. Man müsse meinen Vater mit einem Ruck hochziehen, seine Füße auf den Boden stellen, ihn dann hochheben und im Stehen mit Schwung herumdrehen und in den Rollstuhl setzen.

»Ich fang ihn ab«, sagt sie und stellt sich hinter den Rollstuhl. Mein Vater, der ganz dünn und klein geworden ist, hilft in keiner Weise mit aufzustehen, sich zu drehen und in den Rollstuhl zu setzen. Deshalb kommt er mir sehr schwer vor. Außerdem habe ich Angst, ihm einen Arm oder ein Bein zu brechen, wenn ich ihn zu fest anpacke oder zu schnell herumdrehe. Ich schaffe es nur, seinen Oberkörper so weit anzuheben, daß er wie ein Käfer auf dem Rücken im Bett liegt. Kopf und Beine in der Luft. Zufällig kommt ein Pfleger vorbei, der mir hilft. Er packt meinen Vater von vorne unter den Achseln, hebt ihn hoch und dreht ihn mit Schwung so herum, daß er direkt im Rollstuhl sitzend landet. Mein Vater stöhnt dabei. Meine Mutter und ich ziehen ihm gemeinsam Socken und Schuhe an, seinen weinroten Schlafmantel, und setzen ihm seinen alten Strohhut auf, der in dem Spind mit der Aufschrift »Mirwald« liegt. Dann schiebt meine Mutter meinen Vater zum Lift. Mein Vater sitzt bedrohlich vornübergebeugt im Rollstuhl.

Als wir aus dem Lift ins Freie treten, blinzelt er mit den Augen, als blendete ihn das Licht. Er zieht die Nase hoch. Er hält sich an den Rollstuhllehnen fest. Er beugt sich noch weiter vor. Dann suchen wir einen Platz im Park. Wir finden einen freien Tisch mit Stühlen unter einer Braumgruppe, von der aus man auf eine Baustelle sieht. Das Seniorenheim wird ständig weiter ausgebaut. Der Baulärm ist groß. Wir drehen den Rollstuhl meines Vaters so herum, daß er die Baustelle im Rücken hat. Er sieht jetzt Bäume und ein Rosenbeet. Wenn er es sieht. Er zieht noch ein paarmal die Nase hoch und schaut dann in das Lichtgrün der Birkenblätter über sich. Es schaut so aus, als blickte er skeptisch in den Himmel, ob ein Gewitter aufziehe oder nicht. Dann schaut er wieder auf mich. Ich weiß noch immer nicht, ob er mich erkannt hat. Ich hole den Sekt aus der Tasche, packe die Gläser aus dem Zeitungspapier aus, stelle Salzcrackers und Salzstangen auf den Tisch. Mein Vater schaut meine Mutter an.

»Sekt«, sagt sie, »wir trinken ein Fläschchen Sekt«, und da verzieht er das Gesicht, als ob er ein ganz klein wenig lächelte oder weinte. Ich entkorke den Sekt, gieße die Gläser voll, gebe meinem Vater ein Glas in die Hand, er hält es zittrig fest, wir sagen »Prost«, ein leichter Wind säuselt in den Birkenblättern über uns, mein Vater hält das Sektglas im falschen Winkel zu seinem Mund. Er hält es nicht steil genug, er legt auch den Kopf nicht in den Nacken beim Trinken. So erwischt er nichts. Ich stelle mein Sektglas auf den stark verschmutzten Tisch unter den Birken ab und helfe ihm, das Glas steiler anzusetzen. Plötzlich rinnt zuviel Sekt in seinen Mund. Er verschluckt sich. Es fällt ihm schwer zu husten. Er hat ja kaum mehr die Kraft dazu. Ich klopfe ihm auf den Rücken. Ein wenig Sekt rinnt links und rechts aus seinen Mundwinkeln. Meine Mutter steckt ihm einen Salzcracker in den Mund. Er kaut. Dann setzt er das Glas noch einmal an und trinkt einen kleinen Schluck. Sein Mund macht eine Kaubewegung, als schmeckte er dem Sekt nach. Im Sektglas schwimmen jetzt kleine Salzcrackerstückchen. Die Sonne scheint, die Birkenblätter säuseln, der Baulärm endet abrupt. Mein Vater fährt sich langsam mit der Zunge über die Lippen. Er schaut mich an und verzieht wieder das Gesicht.

»Vati«, sage ich. »Wir trinken jetzt auf dich.« Wir trinken noch einmal. Mein Vater erwischt jetzt mehr. Er atmet tief durch, bläht seine Nase, als röche er plötzlich etwas. Vielleicht ist es der Rosenduft von dem Beet neben ihm, vielleicht riecht er den Sekt oder die Birken oder die Luft. Seine Hand mit dem

Sektglas zittert so, daß etwas Flüssigkeit auf den Schlafmantel schwappt. Meine Mutter stellt sein Glas auf dem Tisch ab, zieht eine Decke aus dem Netz, das am Rollstuhl befestigt ist, und breitet sie über seine Beine. Auf den ganz fahlen Wangen meines Vaters entstehen zwei rote Flecken. Ohne hinzuschauen streckt er die Hand in Richtung des Tisches aus, auf dem sein Sektglas steht. Ich reiche es ihm. Er trinkt. Es gelingt ihm, einen Schluck zu nehmen, der weder zu groß noch zu klein ist. Jetzt lächelt er wirklich ein bißchen. Meine Mutter steckt ihm noch einen Salzcracker in den Mund. Mein Vater kaut. Dann trinkt er wieder. Die Hälfte des Crackers schwimmt jetzt im Sektglas. Das Glas hat inzwischen einen schmierigen Rand. Ich schütte den Sekt mit den Bröseln in die Wiese und gieße ihm ein neues Glas ein. Mein Vater hat jetzt tatsächlich Farbe im Gesicht. Seine Hand mit dem Sektglas zittert weniger. Meine Mutter geht los, um einen Löffel zu besorgen, mit dem sie meinen Vater mit Sahnejoghurt füttern will. Ich sitze allein neben ihm. Wir trinken jeder einen Schluck Sekt.

»Vati«, sage ich, »es ist schwer, gell?« Es ist der einzige Satz, den ich je über seine Situation gesagt habe und sagen werde, seit er im Krankenhaus und jetzt im Pflegeheim ist, bis zu seinem Tod. Mein Vater schaut in die Birkenblätter über ihm, dann schaut er zum Rosenbeet. Plötzlich ist sein Kopf nicht mehr so steif. Er kann ihn also doch bewegen, denke ich. Dann schaut er mich an. Die Augen sind weniger durchsichtig. Er schaut mich lange an, dann seufzt er. Es ist wie ein stockendes Einatmen, das einem

Schluchzen vorausgeht. Aber er schluchzt nicht. Er schaut weg, auf den schmutzigen Tisch. Meine Mutter kommt und füttert ihn mit Sahnejoghurt. Es ist vier Uhr.

»Höchste Zeit«, sagt meine Mutter, »wieder hineinzugehen. Um halb fünf kriegen sie Abendessen.« Wir verstauen die Sektgläser und die Crackers wieder in der Tasche, werfen die Sektflasche und den Joghurtbecher in den Abfalleimer und schieben meinen Vater in sein Zimmer zurück. Diesmal schaffe ich es allein, ihn wieder in sein Bett zurückzulegen. Wir ziehen ihm Schuhe und Socken aus. Mein Vater sieht erschöpft aus. Meine Mutter füttert ihn mit Grießbrei, der schon neben dem Bett steht. Mein Vater ißt alles auf. Zum Schluß bekommt er eine Abführtablette, die neben dem Grießbrei auf dem Teller liegt. Dann gehen wir heim.

Zu Hause bereitet meine Mutter sofort das Abendessen zu. Ich esse eine Schnitte Brot, meine Mutter ißt eine Schüssel Grießbrei.

»Immer, wenn ich vom Pflegeheim komme«, sagt sie, »habe ich solchen Hunger.« Dann sehen wir fern. Etwa um neun Uhr schläft meine Mutter beim Fernsehen ein. Ich wecke sie, sie geht ins Bett. Ich lese noch bis spät nachts. Als ich um zwei Uhr nochmal aufs Klo gehe und an der Küche vorbeikomme, sehe ich meine Mutter, die am Küchentisch sitzt und in Milch eingeweichten Zwieback ißt. Ich schleiche heimlich an ihr vorbei.

Meine Mutter sagte am Telefon, daß sie jetzt sonntags immer in der Kapelle im Schloß zur Messe gehe, weil sie so den Besuch der Messe mit dem Besuch bei meinem Vater verbinden könne. Außerdem lese unser alter Pfarrer von Maria Herz, seit er in Pension gegangen sei und bei den Benediktinern am Römerberg seinen Lebensabend verbringe, sonntags im Schloß die Messe. In Maria Herz sei ja jetzt ein neuer Pfarrer, an den sie sich einfach nicht gewöhnen könne. Er habe lange Haare und sehe überhaupt nicht wie ein Pfarrer aus. Weder feierlich noch fromm, noch gütig.

Nein, lange Haare hatte unser alter Pfarrer von »Maria Herz« wirklich nicht gehabt, sondern eine Halbglatze. Feierlich war er gewesen und fromm wahrscheinlich auch. Aber gütig? Ich erinnere mich noch deutlich an seine Hakennase, die dicht beieinanderliegenden, hellen Augen, deren Blick alles zu durchdringen schien, und an die schmalen Lippen. Seine ganze Physiognomie war so ausgeprägt, daß ich ihn damals gleich erkannte, als er als Nikolaus verkleidet vor unserer Haustür stand. Er hatte einen langen roten Mantel an, eine pelzbesetzte Kapuze auf und trug einen weißen Wattebart. Ich weiß, daß ich damals vor unserem Pfarrer Angst hatte. Jedenfalls mehr als vor dem Nikolaus, an dessen Allwissenheit ich nie so recht geglaubt hatte. Aber ich war sicher, daß unser Pfarrer bemerkt hatte, daß ich in der letzten Sonntagsmesse zweimal vergessen hatte, mich hinzuknien, und so in Gedanken gewesen war, daß ich erst, als alle anderen in der Kirche schon knieten und irgend etwas sangen oder beteten, meinerseits in die Knie ging. Mir war es damals so vorgekommen, als ob unser Pfarrer in seinem goldenen Gewand über den hoch erhobenen runden weißen Gottesleib hinweg mit seinen nahe beieinanderliegenden, hellen Augen mit dem alles durchdringenden Blick gerade mich fixiert und dann fast unmerklich, aber unerbittlich den Kopf geschüttelt hätte. Mir waren sofort Tränen der Reue in die Augen gestiegen, so daß ich nur hinter einem flimmernden Schleier gesehen hatte, wie er die Hostie höher und höher hob und endlich die Augen von mir weg gegen den Himmel verdrehte und »Der Leib Christi« murmelte.

Gott starb allwöchentlich in der Sonntagsmesse seinen Kreuzestod, und ich war nicht einmal in der Lage, ihm beizustehen, indem ich niederkniete und betete. Ich sah auf das große Eisenkreuz, das vorne in der Kirche an Seilen von der Decke hing. Ich sah den mageren Leib, den Lendenschurz, die dicken Nägel in Füßen und Händen, ich sah den Kopf, der aus Erschöpfung zur Seite gekippt war, die ausgemergelten Gesichtszüge. Ich dachte an den Weg nach Golgatha, wohin er das schwere Kreuz selbst hatte tragen müssen, an das er dann genagelt wurde und an dem er lebendig, ich wußte nicht, wie viele Stunden, hing, und das eigene Gewicht mußte die Wunden doch ständig größer gerissen haben, und die Sonne wird heiß auf ihn herabgeschienen haben auf dem Gipfel des Berges Golgatha, und die Raben und Geier werden schon über den Köpfen der Gekreuzigten gekreist haben, und die Menschen, die unter den Kreuzen überall standen, die hatten Brot und Obst und Wein dabei – ich hatte das auf einem Bild gesehen –, und die aßen und tranken und sahen denen da oben beim Sterben zu, und wie die schwächer und schwächer wurden und wie sie Durst hatten und wie sie sterben wollten und nicht konnten.

Der Pfarrer von Maria Herz hatte Sonntagsmesse für Sonntagsmesse jede fehlende Kniebeuge registriert, die fehlende Andacht, die mangelnde Konzentration. Als er am Nikolaustag das große rote Buch schloß – was er vorgelesen hatte, war nicht bis in mein Angstvakuum gedrungen –, war ich verdammt. Und als er dann ein rotes Säckchen mit Nüssen und getrockneten Feigen und Datteln und Mandarinen hervorholte, da gehorchte mir kaum meine Hand, es anzunehmen. Als er weg war, ging ich ins Badezimmer, sperrte mich ein und setzte mich auf den hinuntergeklappten Klodeckel. Dort dachte ich lange nach und kam zu dem Schluß, daß ich das Nikolaussäckchen nicht verdiente. Als ich später den Müll wegtrug, versteckte ich es unter meinem Pullover und warf es unten in die Mülltonne.

Abends, als mein Vater mich nach dem Nikolaussäckchen fragte, sagte ich, daß ich schon alles aufgegessen hätte, und da schenkte er mir dann noch einen Schokoladennikolaus. Den, schien mir, hatte ich nun wirklich verdient. Ich biß ihm gleich den Kopf ab.

Als ich zu studieren anfing und dem Kommunistischen Studentenverband beitrat, wechselten meine Eltern den Pfarrer. Sie besuchten von da an die Sonntagsmesse beim VÖEST-Pfarrer Innerlohinger, einem vernünftigen und fortschrittlichen Menschen. Aber für meinen Vater, der stets nur wegen meiner Mutter die Sonntagsmesse besucht hatte, war es da längst zu spät. Das Mißtrauen gegen die katholische Kirche, das er immer schon gehabt hatte, blieb, auch wenn er den Pfarrer Innerlohinger wegen seiner fortschrittlichen Ideen schätzte. Ich glaube, es verstärkte sich sogar mit dem Alter. Wann immer ein neues Buch über die Machenschaften der Kirche oder über ihre blutige Geschichte oder über die Geschäfte des Vatikans erschien, war mein Vater einer der ersten, der es kaufte. Darum weiß ich nicht, ob er damit einverstanden gewesen wäre, die Letzte Ölung zu erhalten. Ich riet meiner Mutter damals am Telefon jedenfalls dringend davon ab. Aber sie sagte, ich brauchte mir keine Sorgen zu machen, denn der Vater werde es gar nicht bemerken, daß er die Letzte Ölung erhalte. Und sie lasse die Letzte Ölung auch nicht von unserem alten Pfarrer von Maria Herz verabreichen, der im Pflegeheim eigentlich für derlei Dinge zuständig sei, sondern vom Pfarrer Innerlohinger. Und der sei doch immer mehr ein Freund als ein Pfarrer für meinen Vater gewesen. Sie erinnerte mich daran, wie der Pfarrer Innerlohinger, der heute nicht mehr VÖEST-Pfarrer ist, sondern sich in eine kleine Pfarre auf dem Land zurückgezogen hat, zum neunzigsten Geburtstag meines Vaters mit einer Eineinhalbliterflasche Sekt extra vom Land angereist war, um meinem Vater zu gratulieren.

Zwei Wochen später berichtete meine Mutter am Telefon, daß der Pfarrer Innerlohinger am Vortag gekommen und mit ihr zusammen ins Pflegeheim gegangen sei. Mein Vater habe ihn nicht erkannt. Jedenfalls habe er kein Zeichen des Erkennens von sich gegeben. Der Pfarrer Innerlohinger habe eine Zeitlang mit meinem Vater gesprochen, er habe seine Hand gehalten und getätschelt und ihn daran erinnert, wie sie beide an seinem neunzigsten Geburtstag mit einem Glas Sekt aus der Eineinhalbliterflasche angestoßen hätten.

»Sepp«, habe der Pfarrer Innerlohinger, der immer gewußt haben dürfte, daß mein Vater sein Mißtrauen gegen alles Kirchliche nie ganz habe überwinden können, denn er habe nie versucht, meinem Vater so wie ihr selbst kleine Aufgaben während des Gottesdienstes – etwa das Formulieren der Fürbitten – zu übertragen, obwohl er doch dazu viel geeigneter gewesen wäre als sie – »Sepp«, habe der Pfarrer Innerlohinger also zu meinem Vater gesagt, sagte meine Mutter am Telefon zu mir, »wir haben so manches schöne Glas miteinander geleert«, und dann habe er ihm unauffällig die Letzte Ölung verabreicht.

Ein einziges Mal in den fünf Monaten, die mein Vater vor seinem Tod im Pflegeheim verbrachte, habe ich ihn mit dem Rollstuhl aus dem Schloßpark hinausgefahren. Ich habe ihn auf die Glimpfingerstraße gefahren, vorbei an dem ehemaligen Verwaltungsgebäude der VÖEST, wo er einmal gearbeitet hat, bis zum Lebensmittelgeschäft »Billa«, wo er noch einige Wochen zuvor für meine Mutter einkaufen war. Es war ein schwüler Hochsommertag. Die Sonne stand senkrecht am Himmel, so daß wir keine Schatten auf den Gehsteig warfen. Die Autos, die von der VÖEST kamen und in die VÖEST fuhren, bliesen uns Staubwolken ins Gesicht. Der Rasen neben dem Gehsteig war vertrocknet. Jedesmal, wenn wir eine der kleinen Nebenstraßen überquerten, mußte ich den Rollstuhl mit meinem Vater über die Bordsteinkante nach vorn kippen. Jedesmal rutschte mein Vater dabei weiter im Rollstuhl nach vorne, so daß ich schließlich umkehren und auf der Straße zurückfahren mußte, weil mein Vater so weit nach vorne gebeugt dasaß, daß er bei der nächsten Bordsteinkante aus dem Rollstuhl gekippt wäre. Die Autos hupten und fuhren Bögen um uns herum. Staub wirbelte auf. Es war alles so schäbig. Die schnurgerade Straße, die schmutzigen Sozialbauten links, der vertrocknete Rasen und die staubigen Bäume rechts. Kein Vogel sang, kein Mensch kam uns entgegen. Mein Vater blinzelte gegen das Licht. Er sah nicht nach rechts und nicht nach links. Auf seiner Stirn waren Schweißperlen.

Ende September sagte meine Mutter am Telefon, am schlimmsten sei der Heimweg. Es werde ja jetzt schon früher dunkel. Und abends lägen oft Nebel in der Muldenstraße. Die Stiege vom Pflegeheim zur Muldenstraße sei zudem unbeleuchtet.

Neulich, es sei etwa fünf Uhr nachmittags gewesen und schon dämmrig und außerdem neblig, da habe sie in der Nähe der Stiege Schreie gehört. Wie von einem Tier. Von einer Ente oder einer Gans. In regelmäßigen Abständen. Kurz vor der Stiege sei ihr ein alter Mann entgegengekommen, der habe eine alte Frau im Rollstuhl durch den Park geschoben. Da habe sie gesehen, daß die alte Frau so geschrien habe.

»Mama«, sagte ich, »soll ich kommen?«

Einen Augenblick später, fuhr meine Mutter fort, als ob sie nichts gehört hätte, sei es ihr dann aber plötzlich so vorgekommen, als wäre es gar nicht die alte Frau gewesen, die so geschrien hätte. Sondern der Mann. Als hätte er geschrien. Und dann sagte sie ganz unvermittelt: »Ich glaube, es ist bald soweit.«

Am übernächsten Tag fuhr ich nach Linz.

Das letztemal, daß ich meinen Vater lebend gesehen habe, war Anfang Oktober. Ich war eine Woche in Linz gewesen, und mein Vater war nicht gestorben. Ich mußte zurück nach Berlin.

Es war ein sonniger Herbsttag, und wir fuhren noch einmal mit ihm im Rollstuhl in den Park. Er hatte wieder seinen dunkelroten Schlafmantel an und seinen speckigen Strohhut auf. Wir fuhren wieder zu der Birkengruppe mit den Tischen darunter. Das Licht war dunkler und intensiver als das letztemal im Sommer. Schattenkringel huschten über den Tisch und das Gesicht meines Vaters. Es war drei Uhr nachmittags. Um fünf Uhr ging mein Zug. Meine Reisetasche stand gepackt in der Wohnung. Mir blieb eine Stunde.

Mein Vater konnte sich kaum mehr im Rollstuhl aufrecht halten. Meine Mutter hatte ihn mit dem Gürtel seines Schlafanzugs festgebunden. Trotzdem saß er entweder weit über den Schlafmantelgürtel gebeugt, der ihn auf der Höhe des Magens stark einzuschneiden schien, oder er saß weit nach hinten gelehnt da, so daß er unter dem Gürtel wegzurutschen drohte. Er verzog auch das Gesicht, als hätte er Schmerzen. Meine Mutter sagte mir später, daß er da längst offene Stellen auf dem Rücken gehabt haben muß, die sich nach unserem Besuch, als er wieder eine Lungenentzündung bekam und auch nicht mehr sitzen konnte, rasch verschlechterten.

Mein Vater war noch blasser im Gesicht als im August und noch schmaler. Die Haare im Nacken waren viel zu lang. Auf den Händen hatte er jetzt mehrere öligbraune Flecken. Die Fingernägel waren auch zu lang, und er schien einige Tage nicht rasiert worden zu sein. Auf seinem Schlafmantel waren überall Flecken.

Ich packte den Rotwein und die Gläser, die ich mitgebracht hatte, aus, goß ein und gab meinem Vater ein Glas in die Hand. Aber er konnte es nicht mehr halten. Ich hielt es ihm dann an die Lippen, aber er trank nicht. Er sah weder mich noch meine Mutter an, sah nicht auf die Birken, nicht auf das Rosenbeet, sondern starrte an seinem fleckigen Schlafmantel hinunter. Meine Mutter und ich, wir tranken je ein Glas Rotwein und sahen auf die Rosenbeete und auf die Birken und auf den fleckigen Schlafmantel meines Vaters. Meine Mutter wollte meinen Vater mit Joghurt füttern, aber er öffnete die Lippen nicht. Wir saßen die Stunde schweigend da. Dann mußte ich gehen. Ich verabschiedete mich zuerst von meiner Mutter und dann von meinem Vater, der nicht reagierte. Als ich ihn küßte, zuckte er zusammen, als schmerzte ihn jede Berührung. Meine Mutter schob meinen Vater im Rollstuhl zurück zum Pflegeheim. Als ich mich auf der oberen Treppe auf dem Hügel umdrehte, sah ich die beiden noch einmal. Vor der hohen, kaisergelben Mauer des Schlosses schob eine alte Frau einen alten Mann, der schief und weit nach vorn gebeugt in einem Rollstuhl saß und einen Strohhut auf dem Kopf hatte, der auch schief saß, auf eine sehr kleine Tür zu.

Abschiednehmen

Es ist ein heller, stechender Schmerz, der mit der oberen Holzsäule des Treppengeländers in Linz verbunden ist. Ich erinnere mich, daß die Säule glatt war und nach Bohnerwachs roch, so daß der helle, stechende Schmerz glatt ist und nach Bohnerwachs riecht. Der glatte, nach Bohnerwachs riechende Schmerz ist ein Abschiedsschmerz. Ich klammere mich an die obere Holzsäule unseres Treppengeländers, obwohl ich weiß, daß es nichts nützt.

Der Abschied ist nie aufzuhalten. Vor dem Treppenhausfenster, das ich, an die obere Holzsäule geklammert, sehe, stehen Blumen. Unter ihnen ist ein Asparagus. Wenn die Sonne auf ihn fällt, sieht man, wie staubig er ist. Manchmal, ich weiß nicht zu welcher Jahreszeit, hat er winzige, weiße Blüten. Manchmal sind sie abgefallen und liegen auf dem Fensterbrett. Wenn ich die Wange an die Holzsäule lege, spüre ich, wie kühl sie ist. Ich umklammere sie wie einen kühlen, glatten Körper. Ich bin erst fünf oder sechs Jahre alt, aber ich weiß schon, daß die Zeit vergeht und daß der Asparagus staubig ist, blüht und verblüht und daß die Blüten dann abfallen wie kleine, hilflose Tiere. Ich weiß auch schon, daß die Zeit langsam und schnell vergehen kann. Manchmal vergeht sie sehr langsam. Zum Beispiel im Kindergarten, in den ich neuerdings gehen muß. Ich mag dort nicht hingehen. Ich kenne die Kinder ja gar nicht. Auch die Spiele mag ich nicht. Ich weiß nie, ob ich die Spielregeln richtig verstanden habe. Manchmal laufe ich in die falsche Richtung, dann lachen die Kinder. Ich will nicht, daß sie lachen, weil ich in die falsche Richtung laufe oder weil ich so falsch singe, daß man mich immer heraushört, wenn wir singen. Ich kann mir auch die Liedertexte nicht merken, weil alle so schreien beim Singen, daß man gar nichts versteht. Das Spiel »Wer hat Angst vorm schwarzen Mann« ist mir besonders zuwider. Wenn der schwarze Mann sich versteckt hat, wird es nämlich ganz still im Kindergarten. Und gerade, wenn ich ihn dann endlich vergessen habe, weil ich gesehen habe, wie die Blätter der Birke vor dem Fenster in der Sonne glitzern, weil noch Tau in den Blättern hing, und wie die Sonne die Birke in einen schillernden Silberbaum verwandelt, der aussieht wie jener, der auf dem Grab von Aschenputtels Mutter wuchs und ihr all die schönen, silbernen Kleider und Schuhe schenkte – gerade dann schießt der schwarze Mann aus irgendeiner Ecke des Raums hervor, und alle schreien und rennen weg, und die Blätter, die gerade noch in der Sonne schillerten, welken im Schatten. Manche von ihnen liegen schon schwarz und matschig auf dem Boden.

Während ich mich an das Holzgeländer klammere und auf den staubigen Asparagus vor dem Treppenhausfenster schaue, weiß ich auch, daß alles einmal vergeht. Die Sonne, der Regen, der schwarze Mann und die Zeit im Kindergarten. Irgendwann kommt meine Mutter und holt mich wieder ab. Eigentlich müßte ich mich darüber freuen. Aber ich freue mich nicht.

Es ist schon einmal passiert, daß mein Vater beruflich verreisen und meine Mutter ins Krankenhaus mußte, weil sie einen Hexenschuß hatte. Damals hat mein Vater mich zu seiner Schwester nach Wels gebracht. Jetzt ist es wieder passiert. Aber meine Tante in Wels will mich nicht haben, weil sie mir in der Früh keine Zöpfe flechten kann, weil ich nicht stillstehe und weil meine Haare so fein sind, daß immer ein paar Strähnen aus den Zöpfen rutschen. Die Schwester meiner Mutter will mich auch nicht haben. Sie sagt, sie sei zu alt für kleine Kinder. Ich muß für zehn Tage ins Kinderheim St. Josef. Ich klammere mich an das Treppengeländer und lehne die Stirn an die Holzsäule, obwohl ich weiß, daß es nichts nützt. Die Sonne scheint nicht, weil es Winter ist und sehr früh am Morgen. Der Asparagus ist ein grauschwarzer Urwaldbaum. Die Puppen in meinem Zimmer liegen noch im Bett. Ich habe sie nicht einmal anziehen können, so schnell mußte plötzlich alles gehen. Es ist der hellste und stechendste Schmerz, den ich bisher empfunden habe. Mein Vater ist sehr bekümmert. Er steht mit dem braunen Lederkoffer, den mir die Tante Fini einmal geschenkt hat, in der Hand auf dem Treppenabsatz und sagt, daß es nur für zehn Tage ist. Er weiß nicht, daß diese Zeit, obwohl sie vergeht, in mir stehenbleiben wird.

Hinter dem Urwald vor dem Treppenhausfenster geht nun doch die Sonne auf. Der Asparagus wird hellgrau. Wir gehen zum Auto. Wir steigen ins Auto. Mein Vater stellt meinen Koffer auf den Rücksitz. Er fährt irgendwohin. Vor meinen Augen ist ein Schleier, der aber nicht von Tränen kommt. Ich weine nicht, weil ich weiß, daß wir auf jeden Fall, egal, ob die Zeit schnell vergeht oder langsam, egal, ob ich weine oder nicht, irgendwann vor dem Kinderheim anhalten werden und daß mein Vater meinen Koffer vom Rücksitz nehmen wird und daß er mir seine kalte Hand geben wird und daß wir Hand in Hand ins Kinderheim gehen werden und daß dort eine Frau mit schwarzem Haarknoten, die ich nicht mögen werde, auf uns warten wird. Nichts wird mich davor bewahren können, die Hand meines Vaters irgendwann loslassen zu müssen.

Sein Gesicht ist dicht über meinem. Er fragt mich, was ich mir von ihm wünsche, wenn er wieder zurückkommt. Die Stimme meines Vaters vibriert, wenn er spricht, aber das ändert nichts daran, daß er meine Hand loslassen wird. Ich wünsche mir nichts. Mein Vater läßt meine Hand los. Ich wende mich ab und folge der Frau, die jetzt meinen Koffer in ein Zimmer trägt, in dem viele Betten stehen. Eins davon ist mein Bett. Darin werde ich nachts liegen, es wird dunkel sein, und die Vorhänge vor den hohen Fenstern werden sich bauschen. Aber das werde ich nur unter blinzelnden Lidern sehen. Wir werden, sobald wir abends im Bett liegen, sofort die Augen schließen müssen. Die Frau mit dem schwarzen Haarknoten wird mit einem Teppichklopfer durch die Räume schleichen und aufpassen, daß wir alle die Augen geschlossen haben. Wenn jemand die Augen offen hat, wird sie mit dem Teppichklopfer auf die Bettdecke hauen. Das wird nicht weh tun, weil die Decken dick sind. Aber ich werde mir wünschen, es würde wenigstens weh tun. Ich kann meine Augen nicht schließen, sie gehen von selbst wieder auf. Ich muß sie die halbe Nacht fest zusammenpressen. Ich bin in ein schwarzes Loch in meinem Inneren versunken, das alles Äußere aufsaugt. Seit mein Vater meine Hand losgelassen hat und die Frau mit dem Haarknoten meinen Koffer in das Zimmer mit den vielen Betten gebracht hat, fühle ich nichts mehr. Trotzdem mache ich, was sie verlangt. Ich esse, wasche mich, ich lege mich ins Bett und kneife die Augen mit aller Willensanstrengung zusammen. Unter meinen Augen krabbeln kleine weiße Tierchen hin und her, schwarzgoldene Sonnen leuchten auf, heiße Wellen gleiten unter den Lidern durch, rote Feuerzungen lecken über runde Augäpfel. Manche Kinder müssen nachts in der Ecke stehen, weil sie gesprochen oder mit den Augen geblinzelt haben. Die meisten Kinder sind immer hier. Es ist ein Waisenheim, glaube ich. Die Waisenkinder sind es gewohnt, die Augen sofort zu schließen oder in der Ecke zu stehen.

Beim Nachmittagsspaziergang, als die Frau mit dem Haarknoten einmal wegschaut, stößt mich ein Kind in eine Pfütze. Im Heim muß ich dann in der Ecke stehen. Wir putzen unsere Stiefel selbst. Wir putzen uns oft die Zähne. Einmal wollen mich meine Tante und mein Onkel besuchen, aber sie dürfen nicht zu mir. Ich sehe sie durch die Glastüre, und ich höre, wie die Frau mit dem schwarzen Haarknoten sagt, daß niemand mich besuchen dürfe, weil ich zuviel Heimweh hätte. Von nun an werde ich träumen, meine Eltern seien tot. Meine Mutter ist an dem Hexenschuß gestorben, und mein Vater hatte einen

Autounfall. Niemand wird mich hier herausholen. Alles endet mit zusammengepreßten Augen. Vielleicht sind meine Eltern auch schon viele Jahre tot, und ich bin schon viele Jahre hier, und unsere Wohnung in der Muldenstraße ist längst aufgelöst. Meine Puppen wurden abgeholt. Sie sind für einen guten Zweck bestimmt. Wahrscheinlich bekommen sie die Negerkinder in Afrika. Die Welt außerhalb des Kinderheims existiert nicht mehr, denn meine Tante und mein Onkel versuchen nicht, durch die Glastür zu mir zu kommen. Sie nicken nur und geben der Frau mit dem Haarknoten ein Paket. Sie gibt es mir nach dem Abendessen. Es ist Schokolade darin. Ich werde sie dem Mädchen schenken, das mich beim Spazierengehen in die Pfütze gestoßen hat. Meine Tante und mein Onkel verlassen den Raum. Hinter einem Schleier (nicht von Tränen) sehe ich ihre Rücken. Sie haben dickte Mäntel an. Von der grauen Pelzmütze meiner Tante steht hinten ein buschiger Schwanz ab. Ach ja, draußen ist Winter. Es herrscht absolute Finsternis hinter den fest zusammengepreßten Augen. Ich höre den Teppichklopfer auf meiner oder auf einer anderen Bettdecke. Wenn wir spazierengehen, gehen wir in Zweierreihen. Morgens stehen wir in einer Stirnreihe (der Größe nach) und zeigen unsere Hände vor. Wer sie nicht gewaschen hat oder wer schmutzige Fingernägel hat, dem schlägt die Frau mit einem Holzlineal auf die Finger. Ich weiß nicht mehr, wer eigentlich meine Zöpfe flicht.

Jeden Morgen geschieht etwas Seltsames. Wir sitzen alle an langen Tischen im Frühstückssaal. Es ist dunkel und kalt. Plötzlich geht die Tür auf, und eine junge Frau mit Dirndlkleid und langen blonden Haaren bringt einen Korb voll Butterbrote. Der Geruch von frischem Brot breitet sich im Saal aus und dringt bis zu mir. Ich nehme eine Schnitte wie alle anderen Kinder. Die Kruste ist knusprig, und das Innere ist weich. Ich taste das Brot mit der Hand ab. Ich rieche es, ich sehe die Butter auf dem Brot glänzen. Ich beiße hinein,und während ich das weiche Brot mit der knusprigen Kruste kaue, tauchen Köpfe aus der Finsternis auf, die über Brote gebeugt sind, Münder, die kauen. Es ist still wie sonst nie im Heim. Ich höre nur das Kauen und das Schmatzen. Wir sitzen an langen Holztischen mit blau-weiß-karierten Tischdecken aus Leinen. Die Frau mit den blonden Haaren geht immer wieder mit dem Korb herum, wir dürfen noch ein Brot nehmen, wenn wir wollen. Wir essen schnell, damit wir so viele Brote wie möglich essen können und dann vielleicht so satt sind, daß wir später das Mittagessen, vor dem uns graust, nicht essen müssen. Ich zupfe ein weiches Stück aus meiner Schnitte und drehe das Brot heimlich zu einer Kugel. Die trage ich den ganzen Tag in der Schürzentasche mit mir herum. Während des Tages stecke ich mehrmals heimlich meine Hand in die Schürzentasche und schiebe die Kugel hin und her, rolle sie in der Hand, drücke und knete sie. Dabei spüre ich meine Finger, die plötzlich ganz beweglich sind.

Ich habe mich abgefunden mit dem Tod meiner Eltern. Abends falten wir unsere Kleidung in einer ganz bestimmten Weise zusammen und legen sie auf einen Stuhl vor unserem Bett. Nachts bauschen sich die Vorhänge vor den alten, hohen Fenstern, vor denen Gitter sind. Ich werde kaum noch erwischt beim Blinzeln. Abends, nach dem Abendessen, stellen wir die kleinen abgewetzten Holzstühle verkehrt herum auf den Tisch, damit die blonde Frau den Boden kehren und wischen kann. Ein Mädchen heißt Karin. Sie hat keinen Vater, aber eine Mutter. Die kommt sonntags in das Heim und holt Karin ab. Jeden Sonntagabend weint Karin. Dann verteilt sie Schokolade unter den Kindern. Einmal gibt sie mir auch ein Stück. Ich werfe es heimlich ins Klo. Ein anderes Mädchen hat immer eine sogenannte Rotzglocke. Vor ihm graust mir.

Manchmal denke ich daran, daß ich einmal, in einer anderen Welt, einen Tretroller hatte. Und eine Schultafel, an der ich meine Puppen unterricht habe. Manchmal weiß ich gar nicht mehr, wie meine Puppen aussahen. Es tut mir jetzt leid, daß ich meinen Teddy so oft geschlagen habe, weil er unfolgsam war oder in der Schule nichts gelernt hat. Ich kann auch gar nicht mehr verstehen, daß es Tage gab in meinem früheren Leben, an denen mir langweilig war. Aber ich denke immer seltener daran. Wenn ich die Augen zusammenpresse, sehe ich Sonnen und rote Flecken. Wenn ich abends meine Kleider auf dem Stuhl zusammenlege, rutscht längst kein Ärmel mehr zur Seite herab. Wenn ich meine Stiefel putze, glänzen sie im Nachmittagslicht, das in den hohen Vorraum mit dem Steinboden fällt, der schwarz und weiß gesprenkelt ist. Hinter den vergitterten Fenstern fliegen Krähen, die sich in den Bäumen hinter dem Kinderheim für die Nacht versammeln. Wenn wir spazierengehen, versuche ich zu vermeiden, daß ich

Hand in Hand mit dem Mädchen mit der Rotzglocke gehen muß. Meistens gehe ich mit Karin.

Plötzlich sehe ich meinen Vater. Er steht in der hohen Glastür des Kinderheims und breitet die Arme aus. Ich weiß nicht, was er will. Wahrscheinlich schickt ihn die Frau mit dem schwarzen Haarknoten wieder weg. Ich schaue am besten gar nicht hin. Ich drehe mich weg, knete die Brotkugel in meiner Schürzentasche und versuche, mich an den Geruch des frischen Brotes beim Frühstück zu erinnern. Ruft mein Vater meinen Namen oder bilde ich mir das nur ein? Die Glastür geht jetzt weit auf, und mein Vater kommt auf mich zu. Er umarmt mich. Ich erwarte, daß er mir nun mitteilt, daß meine Mutter am Hexenschuß gestorben ist und daß ich für immer im Kinderheim bleiben muß. Daß er mich aber jeden Sonntag besuchen wird wie Karins Mutter. Ich will meinem Vater sagen, daß ich dann lieber auch sonntags im Kinderheim bleibe, aber meine Kehle ist wie zugeschnürt. Die Frau mit dem schwarzen Haarknoten steht hinter meinem Vater. Sie hat meinen Koffer in der Hand. Sie sagt, ich soll meinen Vater begrüßen. Ich begrüße meinen Vater. Sie sagt, ich soll ihm die Hand geben. Ich gebe ihm die Hand. Dann verlassen wir Hand in Hand das Kinderheim. Die anderen Kinder bleiben hinter der Glastüre stehen und schauen mir nach. Ich will mich verabschieden. Aber ich kann nicht. Es kommt kein Ton aus meinem Mund. Draußen scheint die Sonne. Die Vögel zwitschern. Meine Beine sind ganz weich. Ich kann kaum gehen. Ich denke an das duftende Frühstücksbrot, das ich nie mehr bekommen werde. Mein Vater sperrt die Autotür auf. Ich setze mich ins Auto. Wir fahren los. Mein Vater sagt, daß er mir etwas Schönes mitgebracht hat. Ich sage nichts. Wir fahren zum Krankenhaus, in dem meine Mutter liegt. Ich gebe ihr die Hand und mache einen Knicks. Ich frage sie, wie es ihr geht. Sie sagt, es gehe ihr schon viel besser.

Dann fahren mein Vater und ich nach Hause. Es ist alles noch da. Unser Haus, der Asparagus, die Wohnung, mein Zimmer. Meine Puppen starren mich aus ihren Glasaugen an. Der Teddy liegt verkrümmt in einer Zimmerecke. Ich setze ihn ordentlich auf einen Stuhl. Abends falte ich meine Kleidung zusammen und lege sie auf einen Stuhl. Dann gehe ich freiwillig ins Bett. Mein Vater, der mir noch eine Geschichte vorliest, fragt, warum ich die Augen zusammenkneife. Ich sage, ich wüßte nicht, warum.

Nach drei Tagen ist alles vorbei. Ich stehe in meinem Zimmer und schlage meinen Teddy, weil er, während ich weg war, jeden Abend nach dem Zähneputzen Schokolade genascht hat. Mein Vater hat mir von seiner Reise einen echten Petticoat mitgebracht. Er ist rosarot und aus Plastik und steht in vielen Rüschenreihen steif von meinem Körper ab. Ich trage ihn Tag und Nacht. Die restliche Kleidung schleudere ich abends in eine Zimmerecke. Morgens schafft es mein Vater nicht, mir richtige Zöpfe zu flechten. Er schneidet mir selbst die Haare ab. Meine Mutter kommt aus dem Krankenhaus zurück, muß aber noch im Bett liegen bleiben. Ich sage ihr, daß ich nie mehr in den Kindergarten gehen werde. Sie nickt. Trotzdem klammere ich mich noch lange jedesmal, wenn wir die Wohnung verlassen, an die glatte, kühle Holzsäule im Treppenhaus. Und immer ist da wieder der helle, stechende Schmerz.

Vom Fenster her wird ein Windzug gekommen sein. Und Dunkelheit. Und Gestank von der VÖEST und der Chemie AG, so wie immer. Vielleicht hat ab und zu ein orangener oder violetter Blitz aus den Hochöfen die Nacht erleuchtet. Mein Vater wird den Widerschein auf der Wand ihm gegenüber gesehen haben. Er wird auf dem Rücken gelegen haben. Er wird sich längst nicht mehr bewegt haben können. Und selbst wenn er sich hätte bewegen können, würde er sich nicht bewegt haben. Wegen der drei offenen Stellen auf dem Rücken. Er wird nur so dagelegen haben, auf dem Rücken, den Kopf genau geradeaus, die Augen halb geschlossen. Die Gitter des Bettes werden hochgeklappt gewesen sein. Er wird in seinem schwarzen Dämmer gelegen haben, wie die drei Tage und Nächte vorher auch, den orangenen und violetten Blitz auf der Wand unter halb geschlossenen Augenlidern hervorblitzen gesehen haben und das faustgroße Lichtloch auf der Wand, das von der Notbeleuchtung hinter ihm gekommen sein wird. Sonst wird er nichts gesehen haben, die anderen fünf Betten im Raum nicht und nicht einmal den Galgen. Ab und zu einen Blitz, ein Lichtloch, dunkle Schatten. Mein Vater wird sich auch nicht bemüht haben, mehr zu sehen als das. Er wird nur von Zeit zu Zeit nach dem Galgen getastet, ihn aber nicht erreicht haben. Der Mann mit dem Knochenkrebs im Bett neben ihm wird wie jede Nacht gestöhnt haben, und der mit der Parkinsonschen Krankheit ihm gegenüber wird an seinem Schleim gewürgt haben, und der andere neben dem Fenster, der mit dem Bauchspeicheldrüsenkrebs, wird geröchelt haben, unregelmäßig, einmal leise und einmal laut. Die anderen beiden werden still gewesen sein, geschlafen haben oder schon tot gewesen sein.

Die Nachtschwester wird einmal gekommen sein, um zu überprüfen, ob mein Vater noch atmet. Vielleicht wird sie ihm eine Kerze vor das Gesicht gehalten haben, um zu sehen, ob die Flamme noch flakkert. Mein Vater wird gewußt haben, warum sie kommt. Er wird Angst gehabt haben, sie könnte ihn wegschieben, bevor er tot ist. Zuerst tot, wird er gedacht haben, und dann erst abtransportieren. Zuerst sterben und dann in den Zinkblechsarg. Nicht umgekehrt. Erst tot sein. Aber selbst da wird mein Vater noch nicht gewußt haben, wie schwer es ist, wirklich tot zu sein. Um der Nachtschwester zu zeigen, daß er noch lebt, wird er mit der Hand nach dem Galgen getastet haben, der sich ihm aber gerade dann, wenn er geglaubt haben wird, ihn fast erreicht zu haben, entzogen haben wird. In Wirklichkeit wird mein Vater den Galgen aber nie fast erreicht haben. Das wird er sich nur eingebildet haben. In Wirklichkeit wird er seine Hände längst nicht mehr haben heben können. Höchstens ein paar Millimeter, was ihm viel vorgekommen, aber kaum jemandem sonst aufgefallen sein wird. Die Nachtschwester jedenfalls, die seine Hand hochgehoben und dann wieder fallen gelassen haben wird, wird es nicht bemerkt haben. Auch die minimale Bewegung seiner Lippen nicht. Mein Vater wird Durst gehabt haben. Aber das wird schon lange für niemanden mehr eine Rolle gespielt haben. Auch für ihn selbst nicht. So wie die Wunden auf dem Rükken schon lange keine Bedeutung mehr gehabt haben werden. Sie werden ihm lästig gewesen sein so wie der Durst. Mehr nicht. Mein Vater wird auch die trockenen Lippen nicht bewegt haben, um nach Wasser zu verlangen oder nach einer Salbe für die Wunden, sondern er wird die Lippen ohne jede Absicht bewegt haben. So wie die Augen. Nur die Hand wird sich in regelmäßigen Abständen bemüht haben, den Galgen zu erwischen, der in der Dunkelheit gar nicht auszumachen gewesen sein wird.

Um ihn herum werden drei Geräuschkreise gewesen sein: Die Geräusche der Stadt, die im Schloß und die im Krankenzimmer.

Durch das offene Fenster werden die Stadtgeräusche gekommen sein: das Dröhnen von der Autobahn, das rhythmische Stampfen irgendwelcher Maschinen aus der VÖEST, ab und zu ein Pfeifton oder ein Rangierlaut, ein Tuten; ein Schrei, ein Lachen, das Knallen einer Autotür. Im Schloß wird es fast still gewesen sein. Bis auf die hallenden Schritte der Nachtschwester in den leeren Gängen, manchmal das Quietschen einer Tür, das Schlurfen eines Patienten über den Gang, die raschen Schritte des Arztes. Und im Krankenzimmer selbst schließlich, außer den Geräuschen des Sterbens, des Röchelns und Stöhnens und Würgens, des Rasselns und Pfeifens der Lungen, nur das Ticken der Uhr über der Tür.

Im Zentrum dieser drei Geräuschkreise wird mein

Vater gelegen haben. In der Stille. Mein Vater wird alle Konzentration für das Sterben gebraucht haben. Deshalb wird er kaum die Augen bewegt und nur sehr flach geatmet haben. Er wird Stunde für Stunde den Blitz an der Wand schwächer gesehen haben und das Lichtloch größer, das Stöhnen um ihn herum wird leiser geworden sein, sowie das Rasseln und Stampfen und Dröhnen, pastellfarben erleuchtet, hellorange und zartviolett, hallende Schritte aus einem großen, menschenleeren Raum, das Knirschen schwerer Fundamente. Mein Vater wird mehr und mehr alle Wahrnehmungen von außen nach innen verlegt haben. Er wird mit der Zeit mehr selbst zum Licht geworden sein, als Licht gesehen haben, mehr selbst Röcheln geworden sein, als geröchelt haben, selbst die kühle, frische Luft gewesen sein. Es wird der 13. Oktober 1994 gewesen sein. Und er – alles selbst. Luft, Licht, Geräusch, Stimmen, alles selbst. Nur seine Hand wird immer noch nach dem Galgen gezuckt haben.

Mein Vater war seit drei Jahren tot. Nachts lag ich wach in der Wohnung in Linz und horchte auf vertraute Geräusche. Aber ich hörte nichts außer den Lärm der Autos, die die Muldenstraße hinauf- und hinunterfuhren, und obwohl ich die Motorengeräusche meine Kindheit lang nachts im Bett gehört hatte, kamen sie mir nicht vertraut vor. Kein Geräusch in der Wohnung meiner Eltern war mir mehr vertraut; kein Geruch, kein Zimmer. Sogar der Keller, in dem ich so oft gespielt hatte, während mein Vater an seiner Tischlerbank tischlerte, war verödet. Als ob Leichenfledderer ihn längst geplündert hätten, war da nichts, das an ihn erinnerte. Keine Weinflaschen aus dem Weingut Dolle, von wo mein Vater seinen Wein bezogen hatte, der teuer, aber schlecht gewesen war, keine Werkzeuge (die meisten hatte ich bereits selbst nach Berlin mitgenommen), keine Schachteln mit Weihnachtsschmuck oder Wollgras für Ostern oder Faschingskleidern. In der Mitte des rechten Kellerabteils stand eine halbleere Flasche mit einer trüben Flüssigkeit. Meine Mutter mußte sie vor kurzem dorthingetragen und dann dort stehengelassen haben. Wo einmal die Holzkiste für die Kartoffeln stand, lag ein zerlöcherter Stoffkoffer, und die Regale, in denen die Winteräpfel aufgeschichtet gewesen waren, waren leer. Auf dem Platz, wo der Kohlehaufen gewesen war (bevor überall Zentralheizungen eingebaut wurden, belieferte die VÖEST ihre Angestellten mit verbilligten Kohlen, die von Männern in schwarzer Kleidung, mit schwarzen Gesichtern und kleinen, schwarzen Kappen auf dem Kopf, aus Jutesäcken durch das Kellerfenster geschüttet wurden), stand das verrostete Gestell einer Stehlampe. In den überall abbröckelnden Kellerwänden waren faustgroße Löcher. So, als hätte jemand die Bilder, von meinem Vater selbst gemalt, die dort gehangen hatten, mit Gewalt heruntergerissen. Das Bild mit den Häusern aus Bergreichenstein im Böhmerwald, wo er geboren ist, das Bild einer Burg, ein Aquarell mit sehr genau mit Bleistift vorgezeichneten und dann exakt ausgemalten Blumen (Enzian und Edelweiß) und das Bild eines Kreuzes an einem Brückenkopf in Prag. Auch dieses Bild war genau und mit feinem Pinsel aquarelliert. Die Stadt Prag im Hintergrund schwebte im Schnee.

Die alte Kommode, die mein Vater einmal selbst gebaut hatte und die irgendwann aus der Wohnung in den Keller verbannt worden war, ist auch verschwunden. (Ich habe nie mehr seither eine Kommode mit so vielen kleinen Schubladen gesehen. In ihnen bewahrte mein Vater seine Nägel und Schrauben auf.) Ebenso der massive Holzschrank, der neben seiner Werkbank gestanden und in dem außer seinem grauen Arbeitskittel auch lange ein alter Parka und eine schöne, dunkelbraune Lederjacke gehangen hatte, die mein Vater aber zu alt und zu schäbig fand, um sie draußen zu tragen, so daß ich sie, als ich vierzehn war, heimlich herausnahm und trug.

Und in der Truhe, die mein Vater mit Fotos aus

Zeitschriften beklebt hatte – Brigitte Bardot mit Löwenmaske, die inmitten einer Horde buntbemalter Wilder saß, und Anita Ekberg im Trevibrunnen; von ihren Haaren tropfte das Wasser –, war nichts als ein paar zerfetzte Lumpen.

Die Truhe war einmal eine Schatztruhe gewesen. Das lag daran, daß meine Eltern früher in regelmäßigen Abständen unsere Wohnung entrümpelten, ausmisteten, wie sie das nannten. Unter den ausgemisteten Dingen waren schöne alte Gegenstände, die in Schachteln verpackt und in die Truhe gelegt wurden, bis mein Vater auch die Truhe ausmistete. So entdeckte ich immer wieder Dinge im Keller, die ich schon lange vermißt hatte. Andere, wunderbare wie meine Puppenküche, das Puppenkarussell, eine schillernde Glaskugel, verschwanden für immer.

Auch später, als ich schon längst nicht mehr bei meinen Eltern wohnte, ging ich bei jedem meiner Besuche mindestens einmal in den Keller. Immer habe ich etwas gefunden, das ich gut brauchen konnte. Alte Kleider und Stoffe, eine schöne Vase, Aluminiumgeschirr, eine riesige Saftpresse. Die Saftpresse habe ich bis nach Italien geschafft, wo ich allerdings nie Saft damit gepreßt habe, weil der Topf zu groß für den kleinen Gaskocher dort war. Ich hätte ihn auf ein offenes Feuer stellen müssen. Allerdings wußte ich nicht, wie ich auf offenem Feuer die für die Konservierung des Saftes notwendige und genau angegebene Temperatur erreichen und dann halten sollte.

Eines Tages, als ich wieder einmal in der Truhe mit der Brigitte Bardot und der Anita Ekberg wühlte, fand ich drei Romane, die ich als Kind geschrieben und die ich längst verloren geglaubt hatte. Sie hießen *Lotte und seine Puppen* (das falsche Possessivpronomen war auf die Vorlage *Nesthäkchen und seine Puppen* – ein schon zu meiner Zeit als recht altmodisch geltendes Kinderbuch – zurückzuführen), *Wendi, ein Kriminalroman* und *Du unerforschter, undurchdringlicher Dschungel.* Da ich die drei Romane entdeckt hatte, als ich gerade auf der Durchreise nach Italien war, bewahrte ich sie in meinem Zimmer in Linz zwischen Thomas Manns *Doktor Faustus* und Gerd-Peter Eigners *Brandig* auf. Als ich sie auf der Rückreise mit nach Berlin nehmen wollte, waren sie verschwunden. Meine Eltern hatten sie ausgemistet und weggeworfen.

In der Truhe habe ich auch einmal eine Mappe mit alten Flugblättern gefunden, an deren Herstellung ich selbst beteiligt war. Ich erinnere mich nur an die Slogans »Zieht die Professoren an ihren reaktionären Ohren«, »Erzieht die Erzieher« (davon gab es auch rote Aufkleber, die ich an mein Fenster geklebt und die mein Vater noch am selben Tag selbst mit Benzin abgemacht hatte) und: »Wollen Sie mal wieder ficken? Hier können Sie es nicht!« (Zur ersten und einzigen Sexmesse, die je in Linz stattfand.) Auch diese Dokumente hatte ich sichergestellt, auch sie sind verschwunden. So leerte sich der Keller allmählich, denn es kam nichts mehr hinzu. Zumindest nichts Brauchbares.

Ein dicker Baumstumpf war, außer der schweren Werkbank, schließlich einer der letzten Gegenstände, die im Keller an meinen Vater erinnerten.

Wir hatten ihn als Hocker benutzt. Er war immer vor dem Kohlehaufen gestanden. Dort war ich gesessen und hatte mit den Blumentöpfen in allen erdenklichen Größen, die auf einem Holzgestell über dem Kohlehaufen standen, gespielt oder in den verschiedenen Schachteln gewühlt, während mein Vater in seinem grauen Arbeitskittel vor der Werkbank stand und arbeitete. Er hantierte mit Bohrmaschinen, Schleifmaschinen, verschiedenen Sägen und Meißeln. Ich weiß nicht, warum er mir nie sagte, was er gerade machte. Ich meine, er hätte mir doch einmal zeigen können, wie man ein Brett zuschneidet oder wie man mit der Bohrmaschine umgeht oder mir sonst etwas Nützliches beibringen können. Nur einmal, ich weiß noch, ich kramte gerade in der Schachtel mit den Faschingskleidern und hatte einen Zigeunerrock gefunden, den ich schon lange vermißt hatte, da fragte er mich, ob ich ihm helfen könne. Ich glaube, ich zögerte zuerst, aber dann war ich doch neugierig.

Wahrscheinlich mußte ich ein Brett halten, das er zersägte oder in das er Nägel schlug. Ich weiß nur, daß es lange dauerte und daß mir die Arme weh taten, daß ich aber sehr stolz war, daß ich ihm helfen durfte. Es muß eine wichtige Arbeit gewesen sein. Ich glaube, es kam darauf an, daß ich ganz ruhig dastand und nichts verwackelte. Jetzt fällt es mir wieder ein: Ich mußte ein Brett halten, in das mein Vater Löcher bohrte, die auf den Millimeter genau an einer bestimmten Stelle sein mußten, und dann mußte ich ein zweites Brett halten, und auch da mußten an ganz bestimmten Stellen Löcher gebohrt werden, und am Ende mußte ich beide Bretter halten, und mein Vater verband sie irgendwie oder dübelte sie zusammen. Jedenfalls baute er einen Schrank, und ich half ihm dabei, und alles, was ich tat, war sehr wichtig.

Ich stellte mir dabei vor, daß meine Mutter früh gestorben sei und daß mein Vater und ich ganz allein in einem Haus im Wald wohnten und daß wir zusammen eine Tischlerwerkstatt hätten und daß wir so viel arbeiten müßten, um Geld für das Essen zu verdienen. So brauchte ich auch nicht zur Schule zu gehen. Trotz der vielen Arbeit hatten wir ein schönes Leben. Wir gingen gemeinsam Pilze sammeln, die ich dann selbst zubereitete, oder wir sammelten süße Heidelbeeren oder Brombeeren. Mein Vater preßte die Beeren mit der Saftpresse, die damals schon im Keller stand, weil längst niemand mehr Beeren preßte, sondern der Saft im Geschäft gekauft wurde, und die Marmeladegläser, die überall leer auf den Regalen standen, füllte ich mit selbstgemachter Marmelade. Autos gab es in unserem Wald keine. Unsere Fahrzeuge waren die beiden großen schwarzen Puch-Fahrräder, die vorne bei den Kohlen standen und die auch niemand mehr benutzte, weil wir neue Fahrräder mit Nabendreigangschaltung hatten, die damals gerade der letzte Schrei waren. Die Sitze der alten Puch-Fahrräder waren aus hellbraunem Leder. Darüber zog man aber eine Art Plastikmütze, um das Leder zu schonen.

Wenn ich jetzt darüber nachdenke, dann glaube ich, daß ich damals im Keller meinem Vater geholfen habe, den linken Schrank von der Wandverbauung in unserem Wohnzimmer fertigzustellen. Heute steht sie nicht mehr in unserem Wohnzimmer, weil meine Eltern, kurz vor jenem Krankenhausbesuch meines Vaters, von dem er dann nicht mehr nach Hause zurückkehren sollte, eine neue Wandverbauung aus Teakholz gekauft haben. Die neue Wandverbauung hatte einen verglasten Teil mit indirekter Beleuchtung. Eines Tages, als ich nach Linz zu Besuch kam, stand sie plötzlich im Wohnzimmer. Wir setzten uns alle an den Wohnzimmertisch, und meine Mutter schaltete die indirekte Beleuchtung ein, und wir saßen da und sahen auf die Wandverbauung aus Teakholz.

Die Wandverbauung, die ich damals im Keller meines Vaters fertigzustellen mithalf, war aus Eiche. Oder aus irgendeinem Billigholz, das mit Eichfurnier verkleidet war. Ja, jetzt bin ich ganz sicher: Ich habe meinem Vater geholfen, unsere Wandverbauung im Wohnzimmer zu furnieren. Vorne, am Kellerfenster, das zur Straße wies, sah ich von Zeit zu Zeit jemanden vorbeigehen. (Das heißt, ich sah nur Beine: Eines meiner Spiele war, zu raten, welche Person zu welchen Beinen gehörte.) Hinten durch das Fenster, das zum Hof wies, sah ich den dicken Stamm des alten Ahornbaums, der dort steht, solange ich mich erinnern kann. Sonst sah man durch das Hoffenster nur ein Stück der Böschung, die steil zum Keller abfiel. Auf der abschüssigen Wiese blühte Löwenzahn.

Bis auf das Bohren und Hämmern war es ganz still im Keller. Lautlos fielen die Sägespäne auf den groben Steinboden, der immer staubig war, sooft ihn mein Vater auch kehrte. Er war grau. Zwanzig Jahre später stand ich in Italien in einem Weinkeller, der mir sehr vertraut vorkam, obwohl ich noch nie vorher in einem Weinkeller gewesen war. Bis ich irgendwann feststellte, daß er den gleichen Boden wie der Keller meines Vaters hatte.

Eine Zeitlang nach dem Tod meines Vaters lag der Zauber noch über dem Keller. Vor zwei Jahren wollte auch meine kleine Tochter noch jedesmal, wenn wir in Linz zu Besuch waren, in den Keller gehen. Immerhin fanden wir dort noch meinen ganz verstaubten Hula-hoop-Reifen an einem Nagel an der Decke hängen und in einem Regal alte Boccia-Kugeln, mit denen meine Tochter gleich im Keller spielte.

Das letztemal nahm ich sie vor ein paar Monaten mit in den Keller, weil ich aufräumen wollte. Die Deckenlampe war kaputt und das früher einmal weiße, dann graue und jetzt schwarze Rollo hing zerrissen vom Straßenkellerfenster herunter. Die halbvolle Flasche vom letztenmal war jetzt umgekippt. Etwas Klebriges war ausgelaufen. Ich hatte gerade in der Mitte des rechten Kellerabteils ein paar leere Pralinendosen, Papierfetzen, das rostige Stehlampengestell und ein paar halb zerfallene Schachteln aufeinandergehäuft, da fing meine Tochter zu weinen an. Sie sagte, sie wolle wieder in die Wohnung hinaufgehen.

Der Theaterdichter Werner Schwab ist auch schon tot, sagte meine Bekannte erst neulich nach dem Turnverein am Mittwochabend. Das heißt, es sei eigentlich ein Wunder, daß er nicht schon früher gestorben sei, bei dem, was er gesoffen habe, um nur so halbwegs über die Runden zu kommen. Genausogut hätte er schon umkommen können, als ihm dieser Fotograf das schwarze Laken umgehängt und angezündet habe, um das Foto zu machen, auf dem der Schwab brennend unter einem Plakat laufe, auf dem »Wiens heißestes Pflaster« steht. Denn bestimmt sei der Werner Schwab betrunken gewesen, als er die Aufnahme gemacht habe, was sonst hätte es für einen Grund haben können, diese Aufnahme machen zu lassen, wenn er nicht betrunken gewesen wäre oder sterbensmüde. Nur einer, sagte sie, der sterbensmüde sei, lasse sich freiwillig anzünden. Oder sturzbetrunken. Was sowieso auf das gleiche hinauslaufe. Denn, sagte sie, ob wir am Ende am Suff sterben oder an der Müdigkeit, das mache keinen Unterschied. Alles, was wir Tag für Tag so mit ansehen und mit anhören müßten, das schwäche natürlich mit der Zeit. Ebenso wie der Suff. Der Suff mache es nur wenigstens zeitweise erträglicher. Aber im Falle Schwab sei selbst das nicht sicher, sagte sie. Vielleicht habe es der Suff ihm am Ende genauso unerträglich gemacht. Oder sogar noch schlimmer. Er habe ja immer mal wieder zu trinken aufgehört zwischendurch. Das habe er bestimmt nicht einfach so getan. Da müsse ein Grund vorgelegen haben. Wahrscheinlich, sagte sie, sei es im Suff am Ende tatsächlich noch schlimmer für ihn gewesen als nüchtern. Aber gestorben sei er schließlich an der Nüchternheit. Das heißt, er sei natürlich am Suff gestorben, aber in einer Phase der Nüchternheit. Wenn er von vornherein betrunken gewesen wäre, sagte sie, hätte ihm der Verkehrsunfall wahrscheinlich nicht so viel ausgemacht. Sie hätten es bis in die Wohnung seiner Freundin im fünften Stockwerk krachen gehört. Dieses Krachen müsse unerträglich gewesen sein für den nüchternen Werner Schwab. Schon für den betrunkenen wäre es kaum erträglich gewesen, aber für den nüchternen müsse es die Grenze des Erträglichen weit überschritten haben. Zuerst der ununterbrochene Verkehrslärm auf der Straße unten, dann das Krachen während des Unfalls. Als dann auch noch seine Freundin, obwohl sie versprochen gehabt habe, bei ihm zu bleiben, während er nicht trinke, die Stufen hinuntergelaufen sei, um an der Unfallstelle Erste Hilfe zu leisten, da habe der Werner Schwab gar nicht anders gekonnt, als augenblicklich zur Flasche zu greifen. Er habe dann in seiner grenzenlosen Nüchternheit die Flasche angesetzt und getrunken und getrunken, wie er betrunken nicht getrunken hätte, weil er dann ja schon von vornherein betrunken gewesen wäre und es also gar nicht nötig gehabt hätte, so viel auf einmal zu trinken. Jedenfalls sei er daran erstickt, sagte meine Bekannte.

Mein Vater muß an seinem Schleim erstickt sein. Diesen brodelnden Husten hatte er schon Wochen, bevor er starb. Auf meine Frage, warum sie den Schleim in seinen Bronchien nicht absaugten, sagte die Krankenschwester, es habe keinen Sinn, meinen Vater unnötig zu quälen. Denn nach dem Absaugen des Schleims bilde sich ja sowieso sofort neuer Schleim. Ich schloß daraus, daß das Absaugen des Schleims schmerzhaft sein müsse. Was ein Bekannter, mit dem ich mich nach dem Tod meines Vaters darüber unterhielt, bestritt. Dieser Bekannte hatte gerade seine Mutter bis zu ihrem Tod gepflegt. Er sagte, er habe selbst mit einem Handapparat seiner Mutter täglich den Schleim abgesaugt. Das sei eine Routinesache gewesen, mehr nicht. So wie das Bepinseln des Mundinneren mit Flüssigkeit und das tägliche Waschen, Pudern, Eincremen und Wickeln. Mein Bekannter hat vor seiner Mutter schon seinen Vater zu Tode gepflegt.

Vielleicht ist mein Vater nicht an seinem Schleim erstickt, sondern an den Folgen einer Infektion seiner Wunden, die durch das Aufliegen entstanden sind, gestorben. Der Arzt im Pflegeheim sagte, Dekubitus sei im letzten Stadium der Alzheimerkrankheit aufgrund des ständigen Druckes durch die Bettlägrigkeit und eines Mangels an Bluteiweiß kaum zu vermeiden. Trotzdem hätten sie ihn, denke ich, manchmal umdrehen können oder seine Wunden durch Luftzufuhr zu trocknen versuchen oder sie zumindest mehrmals täglich eincremen können. Mein Bekannter sagte, er habe seine Mutter zum Schluß nachts alle zwei Stunden und tagsüber jede halbe Stunde umgedreht. Es sei ihm tatsächlich im großen und ganzen gelungen, die Druckstellen zu vermeiden. Nur einmal sei es passiert. Aber er habe dann die Druckstelle genau beobachtet und mehrmals am Tag mit dem Haarfön seiner Mutter trockengeblasen, so daß die Wunde bald geheilt sei. Als ich ihm erzählte, daß mein Vater, nachdem er sich wundgelegen habe, eine Elektromatratze bekommen hat, sagte mein Bekannter, daß jeder Alzheimerpatient im letzten Stadium von vornherein ein Anrecht auf eine Elektromatratze habe. Nicht erst, wenn er schon wundgelegen sei. Ein Alzheimerpatient müsse vom ersten Tag seiner Bettlägrigkeit an eine Elektromatratze haben, sagte mein Bekannter, weil sich bei der mangelhaften Pflege im Pflegeheim ein Wundliegen sonst gar nicht vermeiden lasse.

Es könnte auch sein, daß mein Vater daran gestorben ist, daß er das Kauen und Schlucken verlernte. Die krampfartigen Hustenanfälle beim Füttern haben darauf schließen lassen. Mein Bekannter sagt, wenn der Schluckreflex verlorengeht, ziehe der Kranke beim Atmen Speichel und Nasenschleim in die Bronchien, was das Risiko einer Lungenentzündung erhöhe.

Oder vielleicht ist mein Vater an den Folgen einer Infektion der Harnwege gestorben. Oder an Nieren- oder Leberversagen. Aber was, um Gottes willen, hat er mitgekriegt von alledem? Die Krankenschwester im Pflegeheim sagte: Gar nichts. Mein Bekannter sagt: Alles. Meine Mutter sagt, mein Vater habe nicht gewußt, daß er sich im Pflegeheim befunden habe. Er habe geglaubt, er sei im Krankenhaus. Manchmal, sagt sie, habe er sie mit Sicherheit erkannt, aber oft auch nicht. Meine Mutter sagt, manchmal habe mein Vater sie mit der Frau des neben ihm an Knochenmarkschwund sterbenden Patienten, die ebenfalls jeden Tag ins Pflegeheim gekommen sei, verwechselt. Er habe dieser dann zugelächelt und den Mund geöffnet, um zu zeigen, daß er gefüttert werden wolle. Wenn meine Mutter einmal etwas später ins Pflegeheim gekommen oder, was sich aber in all den Monaten nur zwei- oder dreimal zugetragen habe, einen Tag gar nicht gekommen sei, weil sie selbst krank gewesen sei, dann habe die Frau des Patienten im Nebenbett meinen Vater mitgefüttert. Einmal habe die Frau gesagt, daß mein Vater nach dem Essen alles wieder erbrochen und daß sie das Erbrochene aufgewischt habe. Meine Mutter sagt, wenn sie ihn gefüttert habe, habe mein Vater nie erbrochen.

Komm, laß dich küssen, Vati, jetzt, wo alles zu spät ist. Einmal soll mein Kuß so zart sein wie eine Feder. Kannst du ihn überhaupt spüren? Ist er nicht weniger als ein Windhauch an einem schwülen Sommerabend, wenn die Mücken wie verrückt auf kleinstem Raum durcheinanderfliegen und Schafe von überall her blöken? Und dann, das zweitemal, soll mein Kuß nicht sanft und nicht kurz sein, nicht zögerlich, sondern fest und lang; so lange, bis du keine Luft mehr kriegst und rot wirst im Gesicht und dein faltiger Hals dünn wird und sich anfühlt wie der Luftballon von meinem letzten Geburtstag, der ursprünglich bunt und prall war und jetzt schlaff ist und schrumpelig an meinem Bettpfosten hängt. Wenn man ihn drückt, quietscht er. Ich drücke so fest zu, weil du nicht tust, was ich dir sage. Ich habe dir gesagt, du sollst mich halten und nicht loslassen, und du hast mich losgelassen; immer läßt du mich irgendwann los. Ich will aber nicht alleine auf der Wiese sitzen, auch wenn das gelbe Gras noch warm ist von der Sonne und ich einen Käfer beobachten kann, der hat Hörner wie ein Hirsch und nur drei Beine, und der kommt einfach nicht über die kleine Bodenerhebung hinweg, obwohl die nur zwei Zentimeter hoch ist. Immer, wenn der Käfer den Scheitelpunkt des Grashügels erreicht hat, fällt er rücklings wieder hinunter. Oder er spießt sich schon beim Hinaufklettern mit seinem Geweih im Gras auf und zappelt mit den drei Beinen in der Luft.

Ich will nicht, daß du mich aus deinen Armen ins Bett fallen läßt, so daß ich auf dem Rücken liege und mit den Beinen zapple. Ich will überhaupt nicht ins Bett. Du brauchst gar nicht so scheinheilig zu tun, ich lasse mich nie mehr ablenken. Auch nicht von deinen alten Geschichten, die ich sowieso schon lange kenne. Erzähle sie einem anderen. Was habe ich zu tun mit den verwilderten Gräbern deiner Eltern in Böhmen?

Ein Grab, hast du gesagt, als du noch sprechen konntest, muß gepflegt werden. Wenn niemand da ist, der ein Grab pflegt, dann verwildert es. Aber so eine Urne, die steht in einer Betonnische, und niemand muß sie pflegen. Es genügt, ein paar Plastikblumen vor die Nische zu stellen, und selbst ohne Plastikblumen sieht alles gepflegt aus: die Urne, die Nische, der Name in Gold. Ich wußte immer, daß es dir nicht ernst war damit, wenn du sagtest, am liebsten wäre es dir, wenn deine Asche einmal auf dem Almsee verstreut würde. Du hast gewußt, daß es verboten ist, und niemals hättest du wirklich gewollt, daß etwas Verbotenes mit deiner Asche geschieht. Außerdem hätte so viel Freiheit gar nicht zu dir gepaßt. Einfach spurlos verschwinden.

Ja, ich werde die Asche meiner Mutter in ihrer Urne neben deine Asche in deiner Urne stellen, wenn es soweit ist, und dann wird die Nische im Beton endgültig zugemauert. Und weil es für alle Ewigkeit ist, werdet ihr für alle Ewigkeit gut aufgehoben sein. So eine Urne in einer Betonnische, die trotzt dem

Frost, der Auflösung, den Würmern, der Sonne, dem Regen, dem Feuer und dem Wind.

Und sollten irgendwann die Meeresspiegel wieder steigen und sollte das Meer wieder alles überfluten und die Gischt an den Bergen hochspritzen und das Salz am Gestein fressen, und sollten die Fische über euch hinwegschwimmen und der Himmel nur knapp über dem Wasser hängen, dann wird eure Urne immer noch sicher in der Nische stehen, denn sie ist wasserdicht, erdbebensicher und feuerfest. (Wenn das *eine* Feuer euch erst einmal gefressen hat, so daß ihr überhaupt hineingelangen konntet in so eine Urne.) Und selbst, wenn der Sturm euch umreißt, selbst, wenn das Meer euch wegspült, selbst, wenn die großen Fische, die dann kommen werden, euch mit ihren langen Nasen vor sich herstoßen und einander zuspielen unter einer immer seltener untergehenden Sonne, selbst, wenn die Stille endlich eingekehrt ist und die Erde täglich heißer wird und sich allmählich zurückverwandelt in den Feuerball, der sie von innen her immer war, selbst dann werdet ihr standhalten, bis zu dem Tag, an dem alles eins sein wird, zurückfällt in die Glut und in sich selbst versinkt.

Ja, ja, die Iren und der Alkohol! sagte meine Bekannte am vorletzten Mittwoch nach dem Turnen zu mir, nachdem ich ihr erzählt hatte, daß ich am nächsten Tag zu einem Literaturfestival nach Irland flöge. Eine große Schriftstellerorganisation in Wien, fuhr sie fort, habe einmal ein Symposium zur Frage der hohen Selbstmordrate unter Schriftstellern abgehalten. Ihrer Meinung nach hätte man dabei die Alkoholtode unbedingt zu den Selbstmordfällen zählen müssen. Jeder Alkoholtod sei ein versteckter Selbstmord, sagte sie. Ja, selbst der geringste Alkoholkonsum trage letztlich nichts als den Wunsch nach Selbstauflösung in sich. Das sähe selbst ein Nichttrinker. Im Grunde sei jeder, der auch nur ein Glas Alkohol zu sich nehme, nur von dem einen Wunsch getrieben, nämlich, sich selbst auszulöschen. Ich sagte nichts und leerte mein Glas. Sie wollte für uns beide noch ein Bier bestellen, aber ich sagte, daß ich nach Hause müsse.

Na ja, sagte sie, nachdem sie für sich allein bestellt und einen kräftigen Schluck genommen hatte, auf dem Symposium in Wien damals sei man jedenfalls zu dem Schluß gekommen, die hohe Selbstmordrate liege an der sozialen Lage des Schriftstellers. Zuwenig Geld, sagte sie, zuwenig Anerkennung, praktisch gar keine Resonanz auf die Arbeit. Dazu kämen die unzähligen künstlerischen Rückschläge, die ein

Schriftsteller tagtäglich an seiner Schreibmaschine hinzunehmen habe. Einsamkeit, sagte sie, sei die Folge, ja oftmals regelrechte Vereinsamung. So müsse man auch Bohumil Hrabals Tod zu den Selbstmordfällen rechnen; der lehnte sich beim Taubenfüttern zu weit aus dem Fenster und stürzte ab.

Ich wollte sie noch fragen, ob sie schon einmal in Irland gewesen sei, aber sie redete und redete.

Sie habe noch keine Statistik darüber gelesen, sagte sie, wie viele Schriftsteller weltweit täglich durch Selbstmord ums Leben kämen, sie nehme an, eine ganz schöne Anzahl. Aber so was erfaßten Statistiken nun einmal nicht, weil es niemanden interessiere. In der einzigen Statistik, die ihr bekannt sei, in der Schriftsteller überhaupt erwähnt seien, sei es um die Sterblichkeitsrate verschiedener Berufsgruppen gegangen. Die höchste Lebenserwartung hätten evangelische Pfarrer gehabt, die geringste Gastwirte und Schriftsteller, wodurch auch wieder die Nähe des Schriftstellers zum Alkohol zur Sprache gekommen sei und indirekt auf den Zusammenhang von Alkoholkonsum und Selbstmordrate hingewiesen werde.

Die Kollegin riß die Augen weit auf. Mir kam es auch vor, als lallte sie beim Sprechen bereits ein wenig und säße nicht mehr ganz aufrecht am Tisch. Inzwischen war sie beim vierten Bier angelangt. Sie legte den Kopf auf die am Tisch verschränkten Arme, so daß ich zunächst annahm, sie habe den Faden nun endgültig verloren oder schliefe, doch da tauchte der Kopf noch einmal auf. Es gebe sogar eine eindeutige Parallele zwischen dem Trinkverhalten des Kneipengastes und dem Leseverhalten des Lesers, hörte ich sie nur noch sagen. Aber da stand ich schon an der Theke, zahlte meine Zeche und war auch schon weg.

Was der Fotograf braucht, ist, wie ich in der Lounge des Atlanta Hotels in Galway von dem Fotografen erfuhr, der die wilden Fotos der wilden irischen Landschaft, die Connemara heißt, gemacht hat und auch das von Seamus Heaney mit seinen großen, bäurischen Händen – was der Fotograf braucht, ist, außer seiner Kamera, nichts als Augen, Herz und Hände. Das kam mir sehr irisch vor.

Seine Augen waren klein und scharf. In ihnen spiegelten sich all die anderen, die mittranken, eingeschlossen Heaney.

Vielleicht habe ich über die Augen des Fotografen auch etwas über sein Herz erfahren: »Erzähle etwas über dich.« Und: »Erzähle jetzt auch du etwas über dich.«

Als kleines Mädchen bin ich unter dem Tisch gesessen und habe die Gespräche der Erwachsenen belauscht. Später habe ich sie aufgeschrieben. Der Fotograf hat schon als Junge, als er sich noch keine Kamera leisten konnte und barfuß im Winter übers Moor ging, seine Fotos gemacht. Abgedrückt hat er dann erst Jahrzehnte später. So hatte er auch viele Aufnahmen von Paaren gemacht.

Trotz der gedämpften Beleuchtung in der Hotelhalle sehe ich, daß der Fotograf ein Loch im T-Shirt hat. Er kratzt sich durch das Loch seinen Bauch.

Auf einem seiner Fotos sind ein großer Stein, ein

großer Busch, Sand und der Mond zu sehen. Ist der Busch ein Ginsterbusch? Er ist orangefarben. (Der Ginster, den ich von Italien her kenne, ist gelb.) Am Tag habe ich mich gefragt, warum der Ginster in Irland nicht duftet. Oder rieche ich nur nichts wegen all der anderen Gerüche? Meer, Tang, Öl, Bier, Zigaretten, Müdigkeit.

Der Ire sagt: In den sechziger Jahren hat man einem abgerissenen Iren in Arbeitskleidung in England eine teure Kamera abgenommen, die dieser mit sich herumtrug. Er wurde festgenommen und verhört. (Direkt hinter dem öffentlichen Abort in der Picadilly-Circus-U-Bahn-Station, in kahlen Räumen und in grellem Licht.)

– Woher hast du die Kamera?
– Gekauft!
– Woher hast du die Kamera?
– Gekauft. Hier ist die Adresse des Geschäfts.
– Woher hast du die Kamera?
– Gekauft. Ruft doch im Geschäft an. Hier ist die Nummer.
– Woher hast du die Kamera?

In der Lounge des Atlanta Hotels, wo es dämmrig ist und heiß, lege ich den Kopf auf das ausklappbare Brett an der Spitze des Spazierstockes des Fotografen. Ich schaukle ein wenig hin und her, während er ein gälisches Lied singt und die Hand auf meinen Kopf legt. Von unten her sehe ich sein Herz klopfen, dort, wo das Loch im T-Shirt ist. Mein Vater ist in einer windigen Nacht im Oktober gestorben, ganz allein im Pflegeheim. Niemand konnte ihm hinterher die Augen schließen. Die Hand des Fotografen ist schmal und klein.

Nachdem ich in der darauffolgenden Nacht spät in Berlin gelandet und mit dem Taxi nach Hause gefahren bin und auf Zehenspitzen durch die Wohnung laufe, weil ich denke, mein Mann und meine Tochter schliefen schon, kommen sie plötzlich aus dem Wohnzimmer. Meine Tochter sitzt auf der Schulter meines Mannes, trommelt mit den Fersen auf seiner nackten Brust und lacht. Auch mein Mann lacht und zeigt sein vollständiges, makelloses Gebiß.

Roswitha Quadflieg

Die Braut im Park

Roman eines Lebens. 225 Seiten. SP 2396

»Wenn du siebzig wirst, ziehst du ein weißes Kleid an, gibst ein großes Fest auf Skansen, und ich komme zurück und heirate dich.« Damals, auf dem Bahnhof in Stockholm, hatte Gerda von Croneborg, dreißig, Mutter einer vierjährigen Tochter und gerade geschieden, lachend der absurden Idee ihres Liebhabers Per zugestimmt. Heute, nach vierzig Jahren, hat sie mit ihrem letzten Geld ihr Versprechen eingelöst, und alle waren gekommen: ihre Tochter Selma mit den beiden Kindern, ihr ältester Bruder Knut mit seiner Frau Johanna, ihr Lieblingsneffe Nils. Nur einer nicht: Per, für den sie sich geschmückt hatte wie eine Braut. Nun sitzt sie draußen im Park, in der Kälte und Finsternis, eine alte gebrechliche Frau, und beginnt den Bilderteppich ihres Lebens Schicht um Schicht freizulegen. Knapp und lakonisch, dabei zugleich fesselnd und eigenwillig zieht Roswitha Quadflieg die Bilanz eines Lebens und öffnet den Blick auf die Dinge, wie sie wirklich waren.

Bis dann

Roman. 185 Seiten. SP 2395

»Roswitha Quadflieg hat das klassische Genre des sentimentalen Briefromans meisterhaft in eine Gegenwart übertragen, der Jugend alles und Alter nichts als Abstieg und Schmach bedeuten. Daß echte Liebe in mancherlei Gestalt daherkommt und die Tiefe der Gefühle an kein Alter gebunden ist, zeigt sich in diesem Roman.«
Brigitte

Fabels Veränderung

Roman in einem Kapitel. 112 Seiten. SP 2397

Am Morgen nach seinem zweiundvierzigsten Geburtstag erweckt Simon Fabel in seiner Vorstellung ein Kind zum Leben, das niemals geboren wurde, weil es von Fabels damaliger Geliebten nicht gewollt war. Und Simon Fabel verändert sich…

Wer war Christoph Lau?

Roman. 164 Seiten. SP 2523

Wer war Christoph Lau, der unbekannte Vater, der die Adresse seines unehelichen Sohnes gekannt, den aber Benjamin nie zu Gesicht bekommen hatte?

Claude Ponti

Die große Stille unter dem Schnee

Roman. Aus dem Französischen von Michael Hofmann. 224 Seiten. SP 2725

Nirgends ist Hercule in Sicherheit. Weder zu Hause, wo ihn sein brutaler, unberechenbarer Vater traktiert, noch in der Schule: Dort lauert der sadistische Lehrer Lalumière nur darauf, seine absurden Strafen zu verhängen. Zusammen mit Laclope, seinem besten Freund, entflieht Hercule dieser Tristesse. Die beiden erfinden sich ihre eigene abenteuerlich-poetische Welt, in der niemand ihnen etwas anhaben kann. Sie sind die Blaufußindianer – schmerzunempfindlich, erfinderisch, mutig, souverän. Eines Tages machen sie bei einer ihrer Expeditionen einen grausigen Fund, der mit der dunklen Vergangenheit des Dorfes während der Nazizeit zu tun hat.

»Ponti erzählt Kindheit von innen heraus, im Präsens und ganz konzentriert auf die Wahrnehmung, die Verwunderung, den Zweifel und die Urteilskraft eines Kindes.«
Barbara Sichtermann

Yann Queffélec

Lena in der Nacht

Roman. Aus dem Französischen von Michael Hofmann. 333 Seiten. SP 2698

Lena irrt durch Marseille. Nach der Trennung ihrer Eltern ist sie, gerade vierzehnjährig, von zu Hause ausgerissen und fällt Momo in die Hände, dem netten und grausamen Araberjungen, dem kleinen Dealer aus dem Norden der Stadt, wo die Illegalen leben, verstrickt in Bandenkriege und Drogengeschäfte. Momo versteckt Lena, er zwingt sie, bei ihm zu bleiben. Lena, die Tochter eines Polizisten, ist sein blonder Traum von einer anderen, bürgerlichen Wirklichkeit. – In diesem kraftvollen, vielschichtigen Roman konfrontiert Queffélec die sozialen Mißstände französischer Vorstädte mit den verlogenen Fassaden bürgerlicher Verhältnisse.

»Das ist ein tiefgreifender, ein vibrierender Roman und ohne Zweifel das beste von Queffélecs Büchern, voller menschlicher Wahrheit, voller Emotionen.«
Le Figaro

Adolf Schröder

Der fremde Junge

Roman. 344 Seiten. SP 2597

Robert Bilkowsky, den alle nur Bob nennen, fährt tagsüber Taxi. Die Nächte verbringt er in seinem Atelier. Er ist Maler. Eines Abends findet er einen zehnjährigen Jungen in seiner Wohnung. Bob ist ratlos. Das Kind spricht keinen Ton, sondern verständigt sich mit ihm über Zeichensprache und schreibt verschlüsselte Botschaften auf Papierflieger. Irgend etwas in Bob weigert sich, den Jungen zur Polizei zu bringen. Er fühlt sich auf geheimnisvolle Weise angezogen, traumatische Kindheitserinnerungen werden in ihm wach, und so beginnt eine seltsame Freundschaft, in deren Entwicklung Bob sich immer mehr mit dem Jungen identifiziert. Obwohl ihm das Kind seinen Tagesablauf durcheinanderbringt, seine Freunde ihn warnen, läßt er sich nicht davon abbringen. Er muß hinter das Geheimnis dieses wundersamen Jungen kommen.

Stephen Krawczyk

Das irdische Kind

Roman. 266 Seiten. SP 2526

Das verbundene Bein von Onkel Alfred, Großmutters Groschenring und Onkel Kurt, der zu festlichen Anlässen immer denselben Nadelstreifenanzug anzieht – leichtfüßig, anrührend und unsentimental erzählt Stephan Krawczyk seine Kindheit und Jugend. Lauter private Weltereignisse, lauter intime Fotos aus dem Familienalbum, die stellvertretend für eine ganze Generation stehen. Stephan Krawczyk, neben Wolf Biermann bekanntester Liedermacher der ehemaligen DDR, erzählt aus dem Dorf Weida mit dem Flüßchen Auma präzise, herzlich und so privat, daß eines klar wird: Das Leben läßt sich nicht zurückrechnen auf dürre politische Daten.

Jean Rouaud

Die Felder der Ehre

Roman. Aus dem Französischen von Carina von Enzenberg und Hartmut Zahn.
217 Seiten. SP 2016

Jean Rouaud erzählt in seinem mit dem Prix Goncourt ausgezeichneten Debütroman auf sehr persönliche Weise wichtige Stationen unseres Jahrhunderts nach, indem er sich an die Geschichte seiner eigenen Familie erinnert. Eine Saga also, die drei Generationen umspannt, ohne sich jedoch den Regeln der Chronologie zu unterwerfen. Anlaß zum Öffnen dieses Familienalbums geben drei Todesfälle, die sich alle im selben Winter ereignen und um die sich die Geschichte zentriert: der Großvater, ständig von einer Wolke dichten Tabakqualms umgeben, der mit seinem zerbeulten 2CV die Gegend unsicher macht; die bigotte Tante Marie, die jeweils den Heiligen des Tages auf ihrer Seite hat und die für ihren im Großen Krieg gefallenen Bruder Joseph, den sie so liebte, ihre Weiblichkeit hingab; schließlich der Vater des Erzählers, dessen früher Tod die so subtil humorvolle und skurrile Chronik überschattet und ihr unausgesprochene Tragik verleiht.

»Es ist ein ganz eigener, in der heutigen Literatur unerhörter Ton aus Zärtlichkeit und Menschlichkeit, mit dem Jean Rouaud seine Figuren vor dem Vergessen schützt.«
Süddeutsche Zeitung

»Nicht nur der Regen ist das philosophische Element dieses wunderbar zärtlichen Romans über ein grausames Jahrhundert. Mehr noch ist es der giftgrüne Nebel, der die Anfänge unserer Moderne bedeckt.«
Die Zeit

Hadrians Villa in unserem Garten

Roman. Aus dem Französischen von Carina von Enzenberg und Hartmut Zahn.
224 Seiten. SP 2292

»Ein hinreißendes Buch. Es hat alles, was ich mir von einem Buch wünsche: Witz, Wärme, eine feine, sehr poetische Sprache, eine großartige Geschichte, es hat Menschlichkeit und Spannung und berührt den Leser über das Persönliche der Familiengeschichte hinaus auch da, wo es weh tut.«
Elke Heidenreich

Agota Kristof

Das große Heft

Roman. Aus dem Französischen von Eva Moldenhauer. 163 Seiten. SP 779

Agota Kristof protokolliert in ihrem ersten Roman eine Kindheit, die nichts Idyllisches hat. Die Zwillingsbrüder werden zur Großmutter aufs Land geschickt, sie betteln, hungern, schlachten, stehlen, töten, sie stellen sich taub, blind, bewegungslos – sie haben gelernt, was sie zum Überleben brauchen.

»Agota Kristofs Romane beschreiben das Leiden, den Krieg, den Tod, beschreiben Verbrechen und sexuelle Perversionen, doch sie handeln ganz ausschließlich von der Liebe. Im reinsten, ja zartesten Sinn handeln sie von der Liebe.«
Süddeutsche Zeitung

»Agota Kristof erzählt zwingend. Sie läßt nicht zu, daß man ihr nur die halbe Aufmerksamkeit schenkt. Sie kennt kein Ausruhen. Kaum kann man das aushalten, die knappe Schärfe ihrer Beschreibungen, diese Kälte. Ist das nicht Lakonie oder Bitterkeit? Weshalb quält Agota Kristof uns doppelt, indem sie Kinder für ihre Geschichte mißbraucht?«
Frankfurter Rundschau

Der Beweis

Roman. Aus dem Französischen von Erika Tophoven-Schöningh. 186 Seiten. SP 1497

»Der Beweis« knüpft unmittelbar an »Das große Heft« an. In ihrer unvergleichlich kargen Sprache erzählt Agota Kristof vom Prozeß einer seelischen Zerstörung.

Die dritte Lüge

Roman. Aus dem Französischen von Erika Tophoven. 165 Seiten. SP 2287

»So kalt ums Herz, so heiß ums Herz ist es mir beim Bücherlesen schon lang nicht mehr geworden.«
Süddeutsche Zeitung

Gestern

Roman. Aus dem Französischen von Carina Enzenberg und Hartmut Zahn. 144 Seiten. SP 2625

Nach ihrer beeindruckenden Trilogie geht Agota Kristof nun ihr großes Thema – die Suche nach Identität in einer gefühlskalten Welt – von einer neuen Seite an: mit der Geschichte einer unmöglichen Liebe.

»Dieser meisterhafte Roman ist ein symbolstarkes, ungemein poetisches Buch.«
Tagesanzeiger

Barbara Kingsolver

Siebengestirn

Roman. Aus dem Amerikanischen von Dorothee Asendorf. 448 Seiten. SP 2276

Bis vor kurzem hätten die junge, unkonventionelle Taylor Greer und ihre sechsjährige Adoptivtochter Turtle nicht glücklicher sein können. Zusammen mit dem Rockmusiker Jax, der sie beide von Herzen liebt, leben sie in einer Künstlerkolonie in Tucson, Arizona. Drei Jahre zuvor hatte eine Indianerin das verstörte, mißhandelte Kleinkind einfach in Taylors Auto »ausgesetzt«. Und Taylor, die sich sofort leidenschaftlich in ihre unverhoffte Mutterschaft hineinfand, legalisierte sie mit einer Adoption. Eines Tages machen Taylor und Turtle einen Ausflug zum Hoover-Staudamm. Sie retten dank Turtle einem Verunglückten das Leben, werden berühmt und kommen ins Fernsehen. Dort sieht sie Annawake Fourkiller, eine ehrgeizige indianische Anwältin, die sich das Durchsetzen der Rechte ihres Volkes zur Lebensaufgabe gemacht hat. Annawake erkennt, daß es sich bei Turtle um ein Cherokee-Kind handelt; und das sollte ihrer Meinung nach nicht bei Weißen, sondern bei seinem Stamm aufwachsen. Nachdem sie herausgefunden hat, daß bei Turtles Adoption Rechtsfehler vorlagen, verlangt sie die Rückgabe des kleinen Mädchens – bevor es ganz vom Einfluß der »weißen Kultur«, in der Herkunft und Familienzusammenhalt nicht mehr gelten, korrumpiert wird...

»Der Roman ›Siebengestirn‹ ist spannend geschrieben, rührt ans Herz und ist voller Humor.«

Schweizer Familie

Das Bohnenbaumglück

Roman. Aus dem Amerikanischen von Dorothee Asendorf. 281 Seiten. SP 2180

Die Pfauenschwestern

Roman. Aus dem Amerikanischen von Astrid Arz. 448 Seiten. SP 2648

»Ein herrliches, einfühlsames Buch voll politischer und persönlicher Fragestellungen, reich an Hoffnung und dem Zauber des alltäglichen Lebens.«

Alice Hoffmann.«

Elsa Morante

La Storia

Roman. Aus dem Italienischen von Hannelise Hinderberger. 631 Seiten. SP 747

Während und nach dem Zweiten Weltkrieg ereignet sich das Schicksal der Lehrerin Ida und ihrer beiden Söhne. Elsa Morante entwirft ein figurenreiches Fresko der Stadt Rom mit den flüchtenden Sippen aus dem Süden, dem Ghetto am Tiber, den Kleinbürgern, Partisanen und Anarchisten. Der Roman war neben Tomasi di Lampedusas »Der Leopard« und Ecos »Der Name der Rose« der größte italienische Bestseller der letzten Jahrzehnte.

La Storia das heißt: *Die Geschichte* im doppelten Sinn des Wortes. Elsa Morante breitet in diesem Roman das unvergleichliche und unverwechselbare Leben jener Unschuldigen vor uns aus, nach denen die Historie niemals fragt.

In Italien, in Rom, erleben Ida und ihre beiden Söhne den Faschismus, die Verfolgung der Juden, die Bomben. Nino, der Ältere, der sich vom halbwüchsigen Rowdy zum Partisanen und dann zum Schwarzmarktgauner entwickelt, ist ein strahlender Taugenichts. Sein Bild tritt zurück vor der leuchtenden Gestalt des kleinen Bruders Giuseppe, dem es nicht beschieden ist, in dieser Welt eine Heimat zu finden. Trotzdem ist seine kurze Laufbahn voller Glanz und Heiterkeit. In seiner seltsamen Frühreife besitzt der Junge eine größere Kraft der Erkenntnis als die vielen anderen, die blind durch die Geschichte gehen, eine Geschichte, die alle zu ihren Opfern und manchmal auch die Opfer zu Schuldigen macht.

Der Roman ist in einer dichten und spröden Sprache geschrieben, die den Fluß der Erzählung mit psychologischer und historischer Deutung aufs engste verbindet.

»Diese Geschichte ist der… nein, gewiß nicht ›schönste‹, aber der aufwühlendste, humanste und vielleicht wirklich der größte italienische Roman unserer Zeit.«

Nino Erné in der WELT